**Liebe Leserin, lieber Leser,**

wir freuen uns, dass sie wieder zugegriffen haben und Stadtluft Dre
Danke, dass Sie dabei sind. Das Bookzin ist ein Teil von Dresden und mitten darin finden Sie ein Bild, auf dem es wimmelt. Anna Mateur hat es irgendwann nachts gezeichnet. Am Tag war sie unterwegs mit ihrem Hund, den sie im April 2020 aus einem Leipziger Tierheim rettete. »Dass wir uns einen Hund holen würden, war eine Shutdown-Entscheidung«, sagt sie. »Es ging mir wie vielleicht vielen: Von 100 auf 0. Ich dachte mir: Nun, das ist also das große Ereignis, welches wohl jedes Leben irgendwann erwischt. Man kann froh sein, dass es kein Krieg ist. Abwarten, beobachten. Ich war anfangs in Schockstarre. Hab nur beobachtet.«

Sie zeichnete eine Art »Gedankenlandkarte«, holte so viele Dinge wie möglich ins Bild. Damit bezeichnet sie, was in Stadtluft steckt, die Vielfalt der Stadt. Anna Mateur beschreibt, wen sie in ihr Wimmelbild gesteckt hat: »Die vielen typischen Typen, die man an der Elbe eben so trifft: Feiernde erholen sich am Ufer und werfen Butterbemmen. Die sind meist festlich gekleidet. Die Schnorrer und Druffies, mit ihren Hunden. Meist unfestlich gekleidet. Die Skater, die Nordic Walker, die Jogger, die den Hunden ausweichen müssen. Die Mütter und Väter mit den Kindern. Die Jugend, die trinken will und alles liegen lässt: Pizzapackungen, Flaschen, Scherben. Die pinken Hände, die den Müll wegräumen. Die Genesenden vom Diakonissenkrankenhaus, die mal kurz raus dürfen mit ihren Familien. Die Alten aus dem Seniorenheim. Die Chirurgen, die sich nach der OP, genau wie die Müllmänner, eine Eis-Pause gönnen. Die Eltern der Rosenschule, die ihre Kinder abholen. Die Badenden. Die Kanuten, die kurz übernachten und dann weiterfahren – so kommt es auch, dass man Zähneputzende in der Elbe stehen sieht. Die Großfamilien, mit Grillspießen und kompletter Tischgarnitur. Die Angler. Die Yogis. Die Steineanmaler. Die Steineschichter. Die Johanniskrautsammler. Die Holundersammler. Die Hagebuttensammler. Die frisch Verliebten. Die frisch Verlassenen. Die Lesenden, die Touristen, die Weintrinker, die Bierbiker, die Diakonissen, die Radler, die Rollerfahrer ... Es sind einfach immer alle an der Elbe.«

Was sie denken und fühlen in diesem außergewöhnlichen Jahr, das ist in Stadtluft Dresden nachzulesen. Nur mit der Hilfe von Förderern gelang diese fünfte Bookzin-Ausgabe. Großartig, dass ein Unternehmen wie A. Lange & Söhne uns treu bleibt, genau wie die Gemeinschaftspraxis Radiologie Freital-Dippoldiswalde. So können wir als Herausgeber die Autoren angemessen honorieren. Die VON ARDENNE GmbH unterstützt uns dabei, dass wir in Dresden Lesungen veranstalten können. Der Husum Verlag sorgt nach wie vor für einen guten Druck und den Vertrieb. Auch dafür großen Dank. Dank ebenso an die Marketinggesellschaft der Stadt Dresden, die sich erneut als Unterstützer mit beteiligt. Das hilft.

Wir danken – herzlich – Peter Ufer, Thomas Walther, Amac Garbe

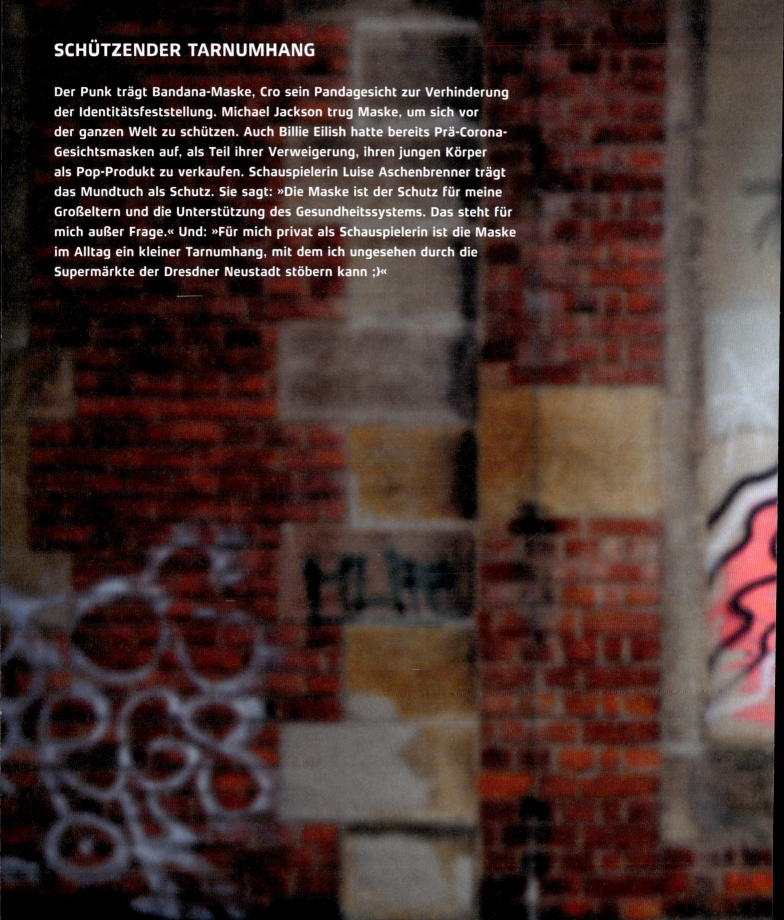

## SCHÜTZENDER TARNUMHANG

Der Punk trägt Bandana-Maske, Cro sein Pandagesicht zur Verhinderung der Identitätsfeststellung. Michael Jackson trug Maske, um sich vor der ganzen Welt zu schützen. Auch Billie Eilish hatte bereits Prä-Corona-Gesichtsmasken auf, als Teil ihrer Verweigerung, ihren jungen Körper als Pop-Produkt zu verkaufen. Schauspielerin Luise Aschenbrenner trägt das Mundtuch als Schutz. Sie sagt: »Die Maske ist der Schutz für meine Großeltern und die Unterstützung des Gesundheitssystems. Das steht für mich außer Frage.« Und: »Für mich privat als Schauspielerin ist die Maske im Alltag ein kleiner Tarnumhang, mit dem ich ungesehen durch die Supermärkte der Dresdner Neustadt stöbern kann ;)«

## VERLORENE UNSCHULD

Eitelkeit sei die Höflichkeitsmaske des Stolzes, sagte einst Friedrich Nietzsche. Während in Asien der Mundschutz selbstverständlich getragen wird, bedeutet das Bedecken des Gesichtes in Mitteleuropa nicht nur einen Kommunikationsverlust, sondern Aggression, Gefahr, Täuschung. Gesichtslosigkeit bedeutet Entindividualisierung. In der Bibel beginnt sich der Mensch mit der Vertreibung aus dem Paradies schamhaft zu verhüllen und sich vor den Blicken Fremder zu verstecken. Die Verhüllung ist eine Metapher für die verlorene Unschuld. Ahmad Mesgarha kennt den Rollenwechsel und muss in Stücken oft genug die Vertreibung aus dem Paradies spielen. Es entfachen sich auf der Bühne und im Leben an Körperbedeckungen emotional geführte Kulturkämpfe. Werte ändern sich.

## ALLTÄGLICHE VERFREMDUNG

Sich zu maskieren bedeutet, unerkannt bleiben. Für eine Selfie-Gesellschaft der Super-GAU. Es hängt ein Vorhang vor dem Spiel mit der Miene, die Takt, Diplomatie und Humor unterstützt. Schauspielerin Christine Hoppe meint: »Meinen Alltag erlebe ich als Privatperson, da ist mein Beruf als Schauspielerin nicht relevant. Allerdings beobachte ich, dass das Maskentragen ein künstlerisches Mittel aus meiner Arbeit auf der Bühne ist, eine Verfremdung, eine Verkleidung, die ungewohnter Weise den Weg in das alltägliche Leben gefunden hat und somit den Blick verändert auf die sogenannte Normalität. Durch eine Maske erzählen sich ganz andere, neue Geschichten, der Focus verändert sich.«

## MUNDARTLICHER SCHNUDNDECKL

»Ich habe mir eine Rhombenmaske schneidern lassen und mich dann gewundert, warum mich alle erkennen«, sagt Olaf Schubert. Das Ding habe zudem einen gewaltigen Nachteil: »Wir Hübschen können nicht mehr mit unserem Know-how punkten.« Sächsinnen und Sachsen titulieren die Virenbinde als Schnudndeckl oder Guschnhadr. Die Norddeutschen sagen Snutenpulli, die Kölner Schnüssjardinche, die Hessen Babbellappe. Es gibt in Bayern noch den Söderlabbn und den Goschnhalter, im Saarland das Schnissdouch. Doch egal wie der Hustenfilter, das Waffelrollo oder der Rotzfänger heißt: Einem bleibt die Luft weg, Sätze werden unaussprechlich, die Brille läuft an und die Ohren stehen ab, aber es nüdzd doch nischd.

### Michael Bittner
**DIE TAGE MIT CORONA**

Ein Virus zwang zur Ausnahme: Stunde um Stunde warten bis der ganze Unfug vorbei ist.
Der Autor meldet sich aus dem Homeoffice.

— **Seite 12** —

### Gerhart Baum
**DRESDEN – MEINE HEIMATSTADT**

1932 in Dresden geboren, floh Gerhart Baum als Kind 1945 aus der Stadt. Im hohen Alter entdeckte er seine Heimat wieder.

— **Seite 22** —

### Eric Hattke
**KALEIDOSKOP WAHRHEITEN**

Der Autor engagierte sich in Dresden, schätzte manches falsch ein, erhielt Morddrohungen. »Stadtluft« bat ihn, all das aufzuschreiben.

— **Seite 34** —

### Volker Zack
**DIE ELBE FLUSSABWÄRTS**

oder was Hamburg und Dresden verbindend verbindet und entscheidend unterscheidet. Der Schauspieler ist eigentlich ein Dresdner Urgestein.

— **Seite 44** —

### Julia Christian
**STATE OF THE ART ODER KUNSTKRÄNZCHEN**

Beim Thema zeitgenössische Kunst Galaxien voneinander entfernt: Leipzig vs. Dresden. Statt zum Duell kommt Oskar Rink zum Kaffeeplausch.

— **Seite 50** —

### Marlen Hobrack
**DAS IST ALLES NUR GESPIELT**

Räudig und derb geht es beim Wrestling zu. Der Show geht hartes Training voraus. Doch dahinter steckt viel mehr.

— **Seite 64** —

### Francis Mohr
**HALUNKEN, MÖRDER, DIEBE**

Dresden ist angeblich ein sicheres Pflaster. Doch Verbrecher sind überall – zuletzt im Grünen Gewölbe.

— **Seite 70** —

### Juliane Schiemenz
**DIE VERBINDERIN**

Ein Interview im neunten Stock eines Johannstädter Plattenbaus. Es geht darum, die Dresdner zu verstehen und sich gegen den sozialen Abstand zu wehren.

— **Seite 76** —

### Franziska Lange
**MUSIK, DIE AUF DEM SEILE TANZT**

»Youkali« verwandelt Gedichte jüdischer Schriftstellerinnen in Musik, die über Dresden hinaus im Ohr bleibt. Feministisch, klug, klangvoll.

— **Seite 86** —

### Anna Mateur
**ANNA ELBE**

Die Musikerin, Schauspielerin und Illustratorin zeichnete nachts im Shutdown ein Wimmelbild von Dresden. An der Elbe traf sie typische und untypische Typen.

— **Seite 94** —

### Una Giesecke
**LEBEN UND LEBEN LASSEN**

Respekt und ein unaufgeregtes Zugehörigkeitsgefühl sprechen aus dem Chor der Stimmen rund um den Martin-Luther-Platz.

— **Seite 96** —

### Durs Grünbein
**DORAS GESCHICHTE**

Sie besitzt ein großes Geheimnis. Niemand darf es wissen. Erst jetzt kommt es raus. Eine Dresdner Parabel auf Vergangenheit, die uns Gegenwart erzählt.

— **Seite 109** —

# INHALT

**Tomas Gärtner**
**INSELN DER ERINNERUNG AN HEIMAT**

Knotenpunkte russischen Lebens in der Stadt. Der Autor besuchte unterschiedliche Menschen mit Wurzeln in einer anderen Heimat.

—Seite 122—

**Andreas Berger**
**DIE RECHTSCHAFFENEN MÖRDER**

Ingo Schulze schrieb einen Roman, er zeigt die Widersprüche Dresdens. Als Auszug gibt es Kapitel XVII aus seinem Buch.

—Seite 132—

**Peter Ufer**
**DER MANN MIT DEM CREUTZ-SCHLITZ**

Für Matthias Creutziger gehört das Fotografieren, die Kunst und der Jazz zum Leben. Fast hätte er es wegen Corona verloren.

—Seite 141—

**Cornelius Pollmer**
**DRESDEN STATE OF MIND**

Vor dem großen Zapfenstreich verschwendet unser Autor eine wundervolle Nacht im Blue Note. Eine Rekonstruktion in Sehnsucht.

—Seite 146—

---

**Stadtluft Dresden dankt den Unterstützern.**

Dieses Bookzin erscheint in der fünften Ausgabe, weil wir nach wie vor treue und wunderbare Unterstützer haben. Herzlichen Dank für das große Vertrauen. Wir bedanken uns bei der Uhren-Manufaktur A. Lange & Söhne und bei der VON ARDENNE GmbH. Ein besonderes Dankeschön geht an Dr. Uwe Neumann, Ur-Dresdner, Radiologe und Jazzfreund, und Dr. Tobias Pollack, Kunstfreund, seinen Praxispartner von der Gemeinschaftspraxis Radiologie Freital-Dippoldiswalde. Dank auch der Landeshauptstadt Dresden | DMG für die Unterstützung. Dank an den Verlag der Kunst Dresden, in persona dem Ehepaar Paulsen, das unser Bookzin von Beginn an verlegt. Last but not least Christine Hoppe und Ahmad Mesgarha für ihre selbstlose Bereitschaft, die Premiere dieser Ausgabe mitzugestalten. Wir danken an dieser Stelle besonders allen Dresdnern und Gästen, die sich mit Anstand und Würde begegnen.

Peter Ufer, Thomas Walther, Amac Garbe

**DIE TAGE MIT CORONA**

Text ✕ **Michael Bittner**

# DIE TAGE MIT CORONA

Ein Virus zwang zur Ausnahme:
Stunde um Stunde warten,
bis der ganze Unfug vorbei ist.

Die am wenigsten überraschende Erkenntnis der Seuchenzeit: Ich bin ganz und gar nicht in der Lage, souverän mit dem Ausnahmezustand umzugehen. Krise, Chaos und Katastrophe sind nicht mein Revier. Während andere in der Corona-Epoche fleißig und redselig werden wie nie zuvor, möchte ich mich am liebsten in die Ecke setzen und schweigend warten, bis dieser ganze Unfug vorüber ist. Unbegreiflich ist es mir, wieso viele Schriftsteller in einer so kotzlangweiligen Zeit damit anfangen, öffentlich Tagebuch zu führen. Es muss gerade die Ödnis sein, die ihre Fantasie beflügelt. Ich wüsste hingegen gar nicht, was ich da tagtäglich schreiben sollte. Heute wieder von morgens bis abends am Schreibtisch gesessen? Höhepunkte: 8:07 Uhr–8:13 Uhr Zähne geputzt, 11:34 Uhr den Müll hinuntergebracht, 12:46 Uhr–13:01 Uhr Brokkoli gegessen (etwas zu weich), 15:06 Uhr–15:22 Uhr Kaffee gekocht und getrunken (schwarz mit Zucker), 20:00 Uhr Tagesschau angeschaltet, 20:02 Tagesschau wieder ausgeschaltet, Bettruhe ab 23:47 Uhr?

Man kann nicht mit Freunden ausgehen, nicht reisen, nicht feiern, nicht schwatzen. Alles, was mir sonst den Stoff zum Schreiben liefert, ist verboten oder entschwunden. Ich bin an Ideen so arm wie an Einnahmen. Leider gibt es aber selbst im kommunistisch regierten Berlin kein staatliches Sofortprogramm, das freiberuflichen Künstlern unbürokratisch einen Zuschuss von originellen Einfällen überweist. Was bleibt, ist Corona. Aber soll ich wirklich den tausendsten Seuchenkommentar verfassen, um irgendwelchen Leuten das mitzuteilen, was sie ohnehin schon den ganzen Tag von allen Seiten hören?

Es ist kaum zu glauben, wie sehr es mir fehlt: das Kneipengehocke, das Tresentheoretisieren, das eine Bier zu viel am Ende. Habe ich früher ein halbes Leben und mein halbes Vermögen in Kneipen vergeudet? Wahrscheinlich. Aber was für eine schöne Vergeudung das war! Diese tiefen Nächte, in denen ich mit Freunden und Fremden im Gespräch die Abgründe des Daseins ausleuchtete, um schließlich im Morgengrauen – durchgeistert und benebelt – wieder ins Freie zu stolpern! Alles vorbei derzeit, der Seuche wegen. Der Staat schützt uns vor dem Virus und vor uns selbst.

Bin ich vielleicht einfach Alkoholiker? Soll ich dem Virus danken, im Namen der Leber, die sich zum ersten Mal in Kurzarbeit von jahrelanger Plage erholen darf?

Alkohol kaufen kann ich noch immer, bislang herrscht keine Prohibition. Ich kann allein das Haus verlassen, ums Eck laufen und mir im Getränkeladen Biere holen bis spät in die Nacht. Zur Feier des Ausnahmezustandes greife ich sogar zu den teuren aus bayrischen Privatbrauereien. Der türkische Verkäufer hat an der Kasse auf Kopfhöhe Frischhaltefolie gespannt und sich so eine Infektionsschutzwand gebaut, sie ist durchsichtig und rührend. Auch verzichtet er auf Centbeträge, um nicht mehr Münzen als nötig durch seine Finger laufen zu lassen. Sonst aber ist er gelassen wie immer. Ich packe die Flaschen ein und versuche, beim Abschied noch ein bisschen freundlicher zu wirken als sonst. Er ist schließlich der systemrelevante Verkäufer an vorderster Front – ich bin in der sicheren Etappe beim Schreibdienst im Heimbüro.

Ich könnte mich draußen vor der Tür zu den drei Trinkern an den Biertischen gesellen, die ihre Stammkneipe schon immer hier vorm Laden an der Ecke hatten und keine Anstalten machen, jetzt etwas daran zu ändern. Aber mir wehen die Gesprächsfetzen »Jetz hamse endlich einen jefunden, der jestorm is, vierundneunzich!« und »Panikmache!« entgegen. Da halte ich lieber Abstand und begebe mich in Heimquarantäne. Das einsame Bier auf dem Sofa schmeckt aber schal. Doch das Bier kann nichts dafür. Ich bin offenbar kein Alkoholiker. Mir macht das Trinken allein keinen Spaß, ich höre nach der ersten Flasche einfach auf. Ich bin nicht abhängig von Alkohol, ich bin süchtig nach dem Umtrunk, den es nur in Gemeinschaft geben kann. Es ist ein Durst der Seele, der mich treibt.

Mein Freund und Kollege Rolf schreibt aus Dresden, einer Stadt, die jetzt plötzlich sehr weit entfernt ist. Vor der Seuche war ich immer mindestens einmal im Monat in meiner alten Heimatstadt, um dort dem Publikum etwas vorzulesen. Üblicherweise trank ich danach gemeinsam mit Rolf – ausdauernd, umfangreich und doch feinsinnig. Dass wir beide nun Leidensgenossen sind, wissen wir, ohne uns erst darüber auszutauschen. Er fragt, ob ich schon von der Möglichkeit des Online-Suffes wisse, des Stammtischs in Videokonferenz, den die moderne Nachrichtentechnik möglich mache. Ich ergreife den Strohhalm sofort. Wir machen einen Termin aus und ich decke mich mit Getränken ein. Unvertraut ist er dann doch, der Anblick des vertrauten Freundes auf dem Bildschirm des Telefons. Das wackelige Netz, überlastet vermutlich mit Millionen von Krisengesprächen, friert immer wieder sein Gesicht ein und lässt den Fluss seiner Rede stocken. Geradezu unangenehm ist es, zugleich auch noch dauernd die eigene Visage sehen zu müssen. So schaut man also am Kneipentisch immer aus, so albern knautschte man all die Jahre das Gesicht beim aufgeregten Schwatzen? Kein Wunder, dass die Freunde früher immer so viel tranken.

Unweigerlich landet das Gespräch beim Thema dieser Tage: der Krankheit und den üblen Folgen, die sie gerade für die jetzt zwangsweise arbeitslosen Künstler hat. Wer sein Geld auf Bühnen verdient, ist nun aller Einnahmen verlustig. Die Gäste, die sonst Eintritt zahlen würden, sitzen nun alle daheim und überweisen ihr Geld lieber an Netflix. Rolf hat schon eine Warnung seiner Bank erhalten, er dürfe angesichts seines kärglichen Kontostandes nur noch höchstens fünf Euro auf einmal abheben. Ich habe immerhin den rettenden Zuschuss bekommen, den die sonst immer klamme Hauptstadt ihrer Bohème ausgezahlt hat. Mit dem werde ich wenigstens über den Sommer kommen. Hat es sich also doch noch gelohnt, all die Jahre die Kommunisten an die Macht zu wählen.

Wir reden über Stunden. Rolf schaltet uns irgendwann ein wenig Kneipenmusik ein. So stimmt wenigstens die akustische Kulisse, wenn schon das Dekor aus Bücherregal und Gummibaum eher keine Baratmosphäre schafft. Dass es an Kellnern fehlt, ist nicht weiter schlimm. Der Weg bis zur Selbstbedienung in der Küche ist nicht weit. Gemeinsam pinkeln gehen können wir auch, die Telefone sind ja tragbar. Und doch fehlt etwas: das Körperliche. Man kann virtuell nicht die Köpfe zusammenstecken, niemanden in den Arm nehmen oder blindlings Küsse verteilen. Ich vermisse im Wohnzimmer das Gewühl und Gebrüll des ausgelassenen Volkes, den Bierdunst und Tütenqualm. Was nützt eine Schnapsleiche, wenn es niemanden gibt, der über sie stolpern kann? Mein erster Ferntrunk endet noch vor Mitternacht. Ich fange an, mir wegen des Coronavirus ernsthaft Sorgen zu machen.

Immerhin ist es nicht verboten, die Wohnung zu verlassen, um spazieren zu gehen. Ich laufe Wege entlang, die ich vorher noch nie betreten habe. Es ist erstaunlich, welche Entdeckungen ich auf diese Weise in meiner nächsten Umgebung plötzlich mache. Im benachbarten Stadtbezirk Lichtenberg finde ich einen kleinen See namens Fennpfuhl. Beim Blick auf die Stadtkarte von Berlin hatte ich ihn bislang immer für einen unbedeutenden Tümpel zwischen grässlichen Plattenbauten gehalten. Tatsächlich liegt er inmitten eines wunderbaren Parks. Rings um das Wasser tummeln sich unterschiedlichste Menschen: Russische Alkoholiker trinken im Schatten einer großen Eibe. Eine arabische Familie picknickt auf der Wiese am Wasser. Gleich daneben tummeln sich junge Vietnamesen. Ein amerikanischer Student erklärt einer amerikanischen Studentin, wo es in Osteuropa die besten Universitäten gibt. Ja, ich höre sogar Rentner, die sich in sächsischem Dialekt unterhalten – vertraute Töne in der Fremde! Beschämt gestehe ich mir ein, dass ich Lichtenberg solch mischkulturelles Gewusel bislang gar nicht zugetraut hatte. So kuriert die Seuche immerhin eines meiner Vorurteile.

Ich setze mich mit einem Bier ans Wasser. Auf der Parkbank neben mir feiern ein paar junge Leute einen Geburtstag mit rotem Sekt. Am Ufer schwimmen Stockenten. Ein zutrauliches Teichhuhn verlässt das Wasser und schaut mich bittend an, aber ich habe leider kein Futter dabei. Leiden womöglich auch die Vögel unter der Seuche, weil es inzwischen an Menschen mangelt, die im Freien Krümel verteilen?

Hinter mir beginnt plötzlich eine Nachtigall zu schlagen. Ich drehe mich um, starre aufmerksam ins Gehölz und entdecke irgendwann wirklich kurz den kleinen braunen Sänger. Die Leute rings um mich reagieren nicht. Mir ist es unbegreiflich, wie man achtlos an einer singenden Nachtigall vorbeilaufen kann. Aber vielleicht ist dieses Konzert hier am Fennpfuhl alltäglich? In Berlin soll es, so habe ich jüngst gelesen, 1500 Brutpaare der Nachtigall geben, mehr als in jeder anderen deutschen Großstadt, ja sogar mehr als in ganz Bayern. Alle Verächter des hässlichen Molochs Berlin, wie es sie gerade in meiner sächsischen Heimat häufig gibt, sollten sich einmal überlegen, ob mit dieser Entscheidung der Nachtigallen nicht auch ein geschichtliches Urteil verbunden ist.

Ich gehe auch in gesunden Zeiten schon gerne einkaufen. Es entspannt mich. Gleichzeitig beflügelt mich die Vorfreude auf das Kochen, auch dies eine Tätigkeit, die mir große Freude macht. In der Zeit der Seuche wird der Supermarkt sogar zu einem paradiesischen Ort. Die bunte Welt der Waren bietet den von der Eintönigkeit der Quarantäne verdorrten Sinnen Abwechslung. Hier bekommt man auch unbekannte Menschen wenigstens einmal wieder zu Gesicht. Abgesehen von Aufklebern auf dem Fußboden, die auf das Abstandsgebot hinweisen, hat sich der Supermarkt nicht sehr verändert. Am Eingang steht ein Mann, der eine Art von Warnweste trägt, und säubert den Griff des Einkaufswagens mit einem Desinfektionsmittel und einem Lappen. Wieso er das erst macht, wenn man den Wagen schon längst angefasst und ins Geschäft geschoben hat, erschließt sich dem Verstand nicht so richtig. Aber Sicherheit ist ja eher eine Sache des Gefühls.

      Als ich zu Beginn der Pandemie zum ersten Mal Lücken in den Regalen bemerke, bin ich überrascht. Es gibt keine Konserven mehr, kein Mehl und keine Nudeln. Neben diesen Grundnahrungsmitteln ist auch das Toilettenpapier ausverkauft – und die BILD-Zeitung. Immerhin wissen sich die Leute also zu helfen! Ich habe für das Hamstern anfangs nur Spott übrig. Gibt es tatsächlich Trottel, die Angst vor einer Versorgungskrise haben? Das Lachen vergeht mir wenige Wochen später, als ich einmal anderthalb Stunden mit der dringlichen Suche nach Toilettenpapier verbringe. Das ist das Fatale am Hamstern: Wer dabei nicht mitmacht, steht am Ende leider dumm da, so klug seine anfängliche Zurückhaltung auch gewesen sein mag. Wenn die Herde erschrocken losrennt, nützt es nichts, trotzig stehen zu bleiben – selbst, wenn die Gefahr eine eingebildete ist.

Irgendwo sitzt gerade jetzt ein junger Volkswirt und beginnt seine Doktorarbeit zur Klopapierkrise des Jahres 2020, die bestens veranschaulicht, wie ein eigentlich nicht knappes Gut doch knapp werden kann, weil viele Menschen Angst davor bekommen, es könnte knapp werden. Als Arbeitstitel schwebt ihm »Allokationsprobleme in Angst um den Arsch« vor.

Mich nimmt diese Krise so mit, dass ich jeden Abend mindestens zwei Tierfilme anschauen muss, um mich zu beruhigen. Wenn dann im zweiten Film im Winter im Emsland die Singschwäne ankommen, die im ersten Film noch den Sommer in Karelien verbracht hatten, ist aber wieder alles gut.

Noch besser ist es, sich bei gutem Wetter abends ein bisschen draußen hinzusetzen, um die Natur leibhaftig zu erfahren. Ich bin nicht der Einzige, der das genießt. Zum ersten Mal nehme ich so richtig wahr, wer überhaupt alles in der Nachbarschaft wohnt. Treffpunkt ist die nach einem antifaschistischen Schlosser benannte Banschstraße. In der Mitte des Straßenzuges verläuft ein breiter Grünstreifen mit einem Fußweg und Sitzbänken. Hier kann man sich, mit einem Bier oder Wein aus einem der vielen Getränkeläden der Umgebung versorgt, geruhsam niederlassen. Manche sitzen allein da und lesen, andere bilden kleine Schwatzgruppen. Langsam senkt sich die Abenddämmerung über die Stadt, der Lärm auf den Straßen verstummt, Fledermäuse jagen lautlos durch die Luft. Einziger Nachteil dieses Ortes: Der Grünstreifen wird von den Herrchen und Frauchen des Kiezes auch als Hundetoilette benutzt. So muss man gelegentlich Möpsen, Pudeln und Dackeln beim Kacken zuschauen und ihren Besitzern dabei, wie sie die Kacke im Anschluss ans Geschäft mit Plastikhandschuhen vom Boden klauben.

Manche Männer verlieren in der Krise ihre letzten Hemmungen und machen es den Tieren nach. Nicht weit von mir pisst einmal ein Mann ungeniert in die Rabatte. Seine Partnerin sieht ungerührt zu, bis er fertig ist und beide ihren Weg fortsetzen. Sind das schon Zeichen des kommenden Zivilisationsbruchs? Misstrauisch stimmt mich auch, dass Mäuse und Ratten von Abend zu Abend immer furchtloser an mir vorbeispazieren. Ahnen sie, dass es mit der Menschheit ohnehin bald vorbei ist?

Gar keine Erholung gewinnt man, wenn man das Internet anschaltet. Wohin man blickt, starrt einem die Seuche entgegen. Selbst die schönen Seiten des Daseins, die einem sonst Ablenkung von allem Elend verschaffen, sind verseucht. Wie bleibt das Sexleben frisch trotz Corona? Welche Ernährung schützt am besten vor Corona? Welche Werke der Weltliteratur geben Aufschluss über Corona?

In den sozialen Medien häufen sich seltsame Wortmeldungen von Leuten, die ich bisher für vernünftig gehalten hatte. Am Anfang haben sicher viele Corona unterschätzt, ich auch. Als die ersten vagen Meldungen über eine neue Krankheit aus China eintrudelten, schaute man mit kolonialistischem Blick nach Osten und beruhigte sich: Naja, das ist eben eine Seuche, wie sie vorkommt bei Leuten, die ihre Fledermäuse vorm Essen nicht ordentlich durchbraten. Aber spätestens die Lektüre von detaillierten Berichten aus Krankenhäusern ein paar Wochen später machte einem doch klar, dass sich hier kein gewöhnlicher Schnupfen verbreitete.

Die großen Verschwörungsdurchblicker hatten sich inzwischen aber schon in die Wissenschaften der Virologie, Statistik und Lungenmedizin eingearbeitet, um zu beweisen, dass die Krankheit in Wahrheit völlig harmlos sei. Sonst eigentlich zurechnungsfähige Leute teilen Enthüllungsfilmchen und Aufklärungspamphlete von Männern aus den Tiefen der Obskurität. Einer dieser Internetschrate hatte früher auch schon mal geleugnet, dass AIDS von einem Virus ausgelöst wird. Ein anderer behauptete, er selbst sei immun gegen Krankheiten, seit er sein inneres Kind umarmt habe. Wieder ein anderer saß früher für die SPD im Bundestag. Aber all das macht die Corona-Skeptiker nicht misstrauisch. Mit Unglauben begegnen sie nur allem, was irgendwie nach Mainstream riecht. Warum die Regierungen der Welt das geheime Ziel verfolgen sollten, mit Hilfe von Panikmache ihre eigenen Volkswirtschaften zu ruinieren, erklären sie nicht. Als nach ein paar Wochen die Springer-Presse im Verein mit rechten Politikern für überstürzte Lockerungen im Alltag trommelt, wittern sie seltsamerweise keine Verschwörung mehr, obwohl doch gerade hinter diesem Werben fürs Sterben offensichtlich finanzielle Interessen stehen. Ich bleibe ratlos zurück angesichts solcher Widersprüche.

Dabei sind mir Leute eigentlich lieb, die grundsätzlich dem, was die Mehrheit denkt, mit Misstrauen begegnen. Nur sollte man auch aus der Haltung des Zweifels kein Dogma machen. Es kommt eben manchmal auch vor, dass die Mehrheit recht hat. Jetzt, da die Seuche zumindest vorerst gebändigt und Deutschland glimpflich davongekommen ist, könnte eigentlich einmütige Freude herrschen. Aber das geht natürlich nicht. Um Recht zu behalten, müssen die Skeptiker nun verkünden, das Ausbleiben der Katastrophe beweise zur Genüge, dass die Maßnahmen, die eine Katastrophe verhindert haben, von Anfang an überflüssig waren. Ich vermute, das sind Leute, die auch behaupten, der Regen sei ja gar nicht nass, nachdem sie sich unter den Schirm gestellt haben.

Der Sommer ist gekommen, aber nur langsam, trübe und unterkühlt, so als würde auch er dem Frieden noch nicht trauen. Die Seuche hat sich abgeschwächt, mancherorts ist sie schon ganz verschwunden. Die Geschäfte, die Restaurants und Bars sind wieder geöffnet. Ihre Betreiber kämpfen um ihre wirtschaftliche Existenz. Der beste Weg, Solidarität zu zeigen, scheint es nun nicht mehr, zu Hause zu bleiben, sondern die Lieblingskneipe aufzusuchen, um den Trinkrückstand von drei Monaten aufzuholen. Aber die Läden sind immer noch ziemlich leer. Viele Menschen haben offenbar noch immer Furcht sich anzustecken. Dabei versichert uns doch die Bild-Zeitung, die Deutschen würden sich nichts sehnlicher wünschen, als die Geschäfte zu stürmen und zum ganz normalen Leben zurückzukehren. Auch dies eine Erkenntnis aus dieser seltsamen Zeit: Könnte es sein, dass die BILD-Zeitung nicht immer die Wahrheit schreibt?

Man kann nun auch wieder reisen. Ich nutze die Gelegenheit, endlich einmal zur Familie nach Sachsen zu fahren. Am Anfang der Pandemie war ich mir noch sicher gewesen, das Virus werde doch nimmermehr den Weg zu dem kleinen

Michael Bittner stellt fest, dass er doch mehr Dörfler als Städter ist.

Dörfchen im fernen Osten finden. Schließlich hat sogar das Internet, die modernste Technologie unserer Zeit, viele Jahre dafür gebraucht. Aber auch da habe ich mich geirrt: Von den 500 Seelen des Dorfes wurde eine Frau dahingerafft. In dem Altersheim des benachbarten Städtchens, in dem ich zur Schule gegangen bin, ist gleich ein Dutzend Menschen gestorben. Die wenigen Leute, die jetzt schon wieder mit dem Zug und dem Bus unterwegs sind, verhalten sich vorsichtig. Es ist merkwürdig: Die Corona-Rebellen, die alle Schlagzeilen der Republik beherrschen, entdecke ich im wirklichen Leben kaum.

Vielleicht bin ich im innersten Seelenkern doch mehr Dörfler, als ich es mir selbst eingestehen mag. Ein paar Stunden des Wanderns durch Feld und Wald, umgeben nur von der Natur, beruhigen mich. Als ich vom Waldrand auf dem Hügel hinab auf mein Heimatdörfchen schaue, das im Tal liegt wie in einem Trog, bekomme ich das sichere Gefühl, dass am Ende doch alles gut wird und die Menschheit noch nicht am Ende ist. Aber wird unsere Gesellschaft aus der Krise gestärkt und erleuchtet hervorgehen, wie uns Politiker, Soziologen und Kirchenratsvorsitzende versichern? Werden wir Supermarktkassierer und Krankenschwestern jetzt viel mehr schätzen und preisen, am Ende gar anständig bezahlen? Werden wir die Wildtiere rücksichtsvoller behandeln? Werden wir das Wichtige im Leben endlich begreifen? Ich habe meine Zweifel, ob sich die Gesellschaft allein durch ein erweitertes Bewusstsein verändern lässt. Denn das ist ziemlich flüchtig, wie jeder weiß, der schon einmal versucht hat, sich nach einem tüchtigen Rausch am nächsten Morgen an den Sinn des Lebens zu erinnern, den man in der Nacht noch völlig klar eingesehen hatte.

Auf dem Heimweg nach Berlin sitze ich in einem Regionalbus auf der Fahrt über die Dörfer. Am Steuer sitzt ein polnischer Fahrer, einer der vielen ausländischen Arbeiter, die in der sich gemächlich entvölkernden Lausitz den Betrieb am Laufen halten, damit mehr Einheimische die Muße finden, sich über die vielen Ausländer aufzuregen. Die Gastarbeiter sind so wichtig, dass sie anders als ihre Landsleute die geschlossene Grenze überqueren dürfen. An der Haltestelle eines kleinen Straßendorfes steigt ein älterer Mann ein. Er hält eine Plastiktüte in der Hand, seine Kleider wirken abgetragen, sein Haar ist ungewaschen. So sehen sie wohl aus, die berühmten Abgehängten in der sächsischen Provinz. Ich bin überrascht, als er sogleich ein vertrautes Gespräch mit dem Busfahrer eröffnet.

»Fährst du nächste Woche auch wieder am Mittwoch?
Auch am Donnerstag und Freitag?«
»Nur Mittwoch! Donnerstag ist Feiertag, da fahre ich nicht.
Freitag fährt auch Kollege.«
»Ach so, Mittwoch fährst du aber, ja? Am Mittwoch fährst du?«
»Ja, Mittwoch fahre ich.«
»Bringst du mir wieder mit? Drei Stangen wie beim letzten Mal, ja?
Drei Stangen?«
»Gut, drei Stangen, kein Problem.«
»Sehr gut, man weiß ja nicht, wann man je wieder rüberkommt
über die Grenze!«

Ich bin, wie schon so oft in diesen merkwürdigen Wochen, bass erstaunt. Mitten in der tiefsten Provinz des Ostens erblicke ich ein Geschichtszeichen: Völkerfreundschaft über die geschlossene Grenze hinweg! Menschen, durch die Not der Seuche zusammengebracht, schmieden ein Bündnis der Solidarität, statt sich im hasserfüllten Wettbewerb zu verzehren! So ermuntert, kehre ich in die Hauptstadt zurück. Sogar zu Corona, da bin ich mir jetzt sicher, wird mir schon irgendetwas einfallen.

## MICHAEL BITTNER

Michael Bittner wurde 1980 in Görlitz geboren. Seine Kindheit verbrachte er in Diehsa (Oberlausitz). Er studierte Germanistik und Philosophie an der TU Dresden und promovierte mit einer Arbeit zum »Literarischen Sensualismus zwischen Romantik und Vormärz« zum Dr. phil. Heute lebt er als freier Autor in Berlin. Im Jahr 2005 war Michael Bittner einer der Gründungsautoren der Dresdner Lesebühne Sax Royal. Im Jahr 2007 begründete er gemeinsam mit Leif Greinus »Literatur Jetzt!«, das Festival zeitgenössischer Literatur in Dresden.

Seit 2016 liest er auch bei der Berliner Lesebühne Zentralkomitee Deluxe. Sein aktuelles Buch trägt den Titel »Der Bürger macht sich Sorgen« und ist im Verlag edition AZUR erschienen. Im selben Verlag erschien 2013 eine Auswahl seiner Satiren und Kolumnen als Buch unter dem Titel »Wir trainieren für den Kapitalismus«. 2016 veröffentlichte er im selben Verlag seinen Erzählband »Das Lachen im Hals«.

**DRESDEN – MEINE HEIMATSTADT**

Text × Gerhart Baum

# DRESDEN – MEINE HEIMATSTADT

1932 in Dresden geboren, floh Gerhart Baum als Kind 1945 aus der Stadt. Im hohen Alter entdeckte er seine Heimat wieder.

Dresden, meine Heimatstadt. Ich bin ihr in den letzten Jahren wieder nähergekommen. Es sind die wunderbaren Freundschaften, der Friedenspreis seit elf Jahren, die Gespräche mit Heidrun Hannusch, die ihn jedes Jahr konzipiert, gestaltet und organisiert, die Mitwirkung bei der Kulturhauptstadtbewerbung, die Verwandten, die Schulfreunde, die noch leben und natürlich die vielen Erinnerungen. Das Langzeitgedächtnis wird ja aktiver im Alter. Das Kurzzeitgedächtnis wird offenbar vom Alter nicht mehr viel gebraucht. Goethe spricht als 80-Jähriger von der nur noch »vorschwebenden Zeit«. In dieser Phase befinde mich. Ich besinne mich meiner sächsischen Wurzeln und merke, dass ich viele Eigenschaften der Sachsen habe. Eine gewisse Lockerheit, Lässigkeit und die Bereitschaft, die Menschen so zu nehmen, wie sie sind, und eine Offenheit für den Kompromiss. Eigenschaften, die dem Berliner fremd, dem Rheinländer aber nahe sind. Deshalb konnte ich mich hier in Köln seit 1950 gut einleben. Übrigens wurde ich in den Stasi-Unterlagen unter dem Namen »Wurzel« geführt.

Die Wurzeln in Sachsen sind mir noch lebendig: der Stammsitz meiner Familie in Plauen im Vogtland. Erst eine Schmiede, dann ein Fuhrgeschäft, dann eine Spedition und die Fabrikation Plauener Spitzen. Vier Brüder, die sich von dort auf den Lebensweg gemacht haben. Einer übernahm die Plauener Firma, ein anderer wurde Tierarzt, später Gründer der Tiermedizinischen Fakultät und Rektor der Universität Leipzig, ein weiterer Fabrikant von Plauener Spitzen und schließlich mein Großvater: Anwalt und Rechtsprofessor in Dresden, Rechtsberater des letzten Königs. Meine Großmutter stammte aus Auerbach im Vogtland.

Ich sehe sie noch vor mir in ihrer Wohnung in der Liebigstraße. Sonntags gab es vogtländische Klöße. Ihr Brot tunkte sie in den Kaffee. Blaues Meissner Porzellan überall in der Wohnung. Das Jugendstilhaus auf den Plauener Höhen, das mein Großvater bauen ließ, mit Blick auf die Stadt, das kann man heute noch bewundern. Die Brüder wurden in der sogenannten Gründerzeit Ende des 19. Jahrhunderts wohlhabend. Sie bauten ein großes Geschäftshaus in der Prager Straße.

In diese Familie heiratete meine Mutter, Tochter russischer Emigranten, die 1917 aus Moskau vertrieben wurden. Ein erfolgreiches Textilunternehmen, eine repräsentative Wohnung in Moskau, großer Landbesitz: Alles mussten sie zurücklassen. Großvater und Großmutter ließen sich in Berlin-Charlottenburg nieder. Die Großmutter stammte aus einer Textildynastie in Lodz.

Erinnerungen an den Großvater väterlicherseits: Auf dem alten Plauenschen Friedhof in Dresden gibt es noch sein Grab. 1915 wurde Hauptmann Baum kurz nach Kriegsausbruch bei Ypern getötet. Auf dem Grab hat sich eine große Buche entwickelt, und dieser Baum schützt nun das Grab von Großvater Baum. Er steht unter Naturschutz. Auch mein Vater wurde Opfer des 2. Krieges. Irgendwo an einer Bahnstrecke während eines Transports haben ihn, den Gefreiten Baum, seine Kameraden beerdigt. Wir kennen sein Grab nicht.

Meine ersten Erinnerungen in Dresden beziehen sich auf unsere große, repräsentative Wohnung in der Hübnerstraße 20. 1932 wurde ich in Dresden-Neustadt in der Privatklinik Carolinenstraße 1 geboren. Ich erinnere mich an den Münchner Platz und an den dortigen Spielplatz, den es heute noch gibt. Ich erinnere mich an die Kanzlei meines Vater am Altmarkt 6. Oft erwarteten meine Mutter und ich meinen Vater nach Dienstschluss im alten Hotel Bellevue am Elbufer, damals etwas flussabwärts neben dem Italienischen Dörfchen. Meine Eltern waren nach einigen Fehlgeburten sehr stolz auf ihren »Stammhalter«. Ich wurde fein ausstaffiert. Heute sehe mich auf Fotos an der Hand meiner Mutter in Bad Elster oder als Zweijährigen

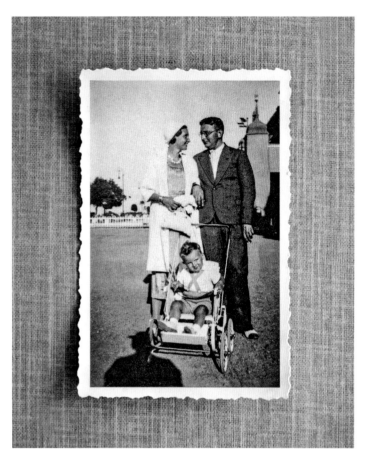

am Strand von Heringsdorf. Es gab Fahrten ins winterliche Erzgebirge, am Wochenende Ausflüge mit Freunden nach Meißen, Pirna und an den Elbhang. Unvergesslich auch die Mozartserenaden an warmen Sommerabenden im Zwinger. Erste Opernerlebnisse in der Semperoper: »Freischütz«, »Hänsel und Gretel«. Wenn ich heute bei der Verleihung des Friedenspreises einmal im Jahr auf dieser Bühne stehe und rede, denke ich daran. Das Flair der Kunststadt Dresden hatte ich bereits als Kind aufgesogen. Hauskonzerte auf dem Weißen Hirsch, Atelierbesuche bei befreundeten Künstlern. Also insgesamt trotz Krieg ein relativ normales Leben – allerdings ab 1941 vaterlos. Doch war die Diktatur spürbar.

An die Nazizeit erinnere ich mich. Ich habe sie in Dresden bis zum Angriff schon bewusst erlebt. Volksschule in Dresden-Plauen: Ich habe noch ein Notizheft, in das ich den Lebenslauf von Hitler schreiben musste. Disziplinierung mit Rohrstock auf die Finger. Vitzthumsches Gymnasium, altsprachig. Einführung in Homer gleich in der Sexta. Dienst als Mitglied des Jungvolks. Die Uniform hatte ich noch im Gepäck auf der Flucht nach der Feuernacht nach Bayern. Am Wochenende fuhren wir zu »Geländespielen« nach Klotzsche. militärischer Drill. Gemeinsames Absingen von völkischen Liedern. Nach dem leider gescheiterten Attentat auf Hitler am 20.Juli 1944 Großkundgebung auf den Elbwiesen, Hauptredner Gauleiter Mutschmann. Kurz vor Kriegsende Musterung zum Volkssturm. Die Nazis wollten mit uns Halbwüchsigen den Krieg noch gewinnen. Auf einer Pinnwand hatte ich mit Wollfäden die Russlandfront abgesteckt, die dann immer näher rückte. »Ein

Volk, ein Reich, ein Führer« – dieses Transparent flatterte am Schloss. Ein altes Ehepaar mit Judenstern auf einer Parkbank ist mir noch in Erinnerung und die Diskussionen darüber, warum plötzlich so viele jüdische Wohnungen frei wurden. Es wurde geraunt, dass Schlimmes mit ihnen passieren würde. Beschnüffelung durch sogenannte Blockwarte. Eine gedrückte, geduckte Stimmung. Schwimmunterricht im Arnhold-Bad. Den Bankier Henry Arnhold, ein Nachkomme der Familie, der im Exil überlebte und als erfolgreicher Banker bis zu seinem Tod 2018 als Mäzen in Dresden gewirkt hat, habe ich gemeinsam mit Günter Blobel 2016 noch in seiner Wohnung in New York besucht. Dort entdeckte ich ein Ernst-Ludwig-Kirchner-Bild mit Blick auf Dresden-Neustadt, mitten in einem New Yorker Penthouse. Jahrzehnte später habe ich die Tagebücher Viktor Klemperers gelesen und viel mehr von dem verstanden, was damals geschah.

Und dann der 13. Februar 1945, der alles veränderte. Das war eine tiefe Zäsur in meinem Leben. Welche Zerstörung! Das soziale Umfeld nicht mehr vorhanden. Freunde, Mitschüler und Lehrer zum Teil tot. Leichenberge überall in der Stadt. Vor dem Büro meines Vaters auf dem Altmarkt wurden sie verbrannt. Wir waren bis dahin relativ gut davongekommen und hatten mit all dem nicht mehr gerechnet. Meine Mutter fasste sofort den Entschluss, dem Einmarsch der Russen zu entfliehen. Schon einmal – als Emigrantenkind 1917 aus Moskau, ihrer Geburtsstadt – war sie vor den Russen geflohen. Dieses Mal haben sie uns von der Tyrannei befreit, um dann später allerdings keine freiheitliche Demokratie zuzulassen. Mehr als 40 Jahre mussten die Menschen in der DDR und in den osteuropäischen Staaten auf ihre Freiheit warten! Meine Mutter hatte ein Fluchtziel: Freunde in Bayern. Mit drei Koffern und drei Kindern – 1938, sechs Jahre nach mir, waren meine Geschwister, Zwillinge, geboren worden – begann die Flucht aus der zerstörten Stadt. Schon schwierig, Dresden zu verlassen. Tiefliegerangriffe auf den Zug nach München.

Das ist also das erste Kapitel meiner Beziehungen zu Dresden. Die Erinnerungen kommen immer wieder, jedes Mal, wenn ich nach Dresden komme, ganz intensiv. Und es gibt für mich immer wieder Anlass, mich mit Dresden zu beschäftigen. Fünf Jahre blieb ich in Bayern. 1950 kam ich in das zerstörte Köln, wo ich bis heute lebe.

Ich habe mich oft gefragt, wo das so intensive jährliche Gedenken am Jahrestag der Zerstörung in Dresden seine Wurzel hat. Andere Städte sind zu gleicher Zeit durch einen einzigen Angriff zerstört worden. Pforzheim, Würzburg und andere. Viele Städte waren jahrelang Ziel von Bombenangriffen. In einer kurzen Phase von wenigen Tagen kamen in Hamburg 40 000 Menschen um – in Dresden »nur« 20 000 bis 25 000. Die Zahl der Opfer allein kann es nicht gewesen sein. Dresden war ein herausragendes Kulturdenkmal. Die Dresdner liebten ihre Stadt. Durch den Angriff fühlten sie sich in ihrer Identität zutiefst getroffen. Später hat das DDR-Regime die Erinnerung mit Schuldzuweisungen an die Briten und Amerikaner, aus deren Flugzeuge die Bomben fielen, verbunden, in Verkennung der Tatsache, dass die Nazis mit ihrem »totalen Krieg« die eigentlichen Täter waren. Es muss noch einmal daran erinnert werden: Die Russen hatten die meisten Opfer in diesem Krieg. Der Angriff hatte auch das im Grunde verfehlte Ziel, ihnen den Vormarsch zu erleichtern. In der Konferenz von Teheran hatten sie von den Westalliierten größere Anstrengungen gefordert. Etwa 80 000 Mann haben sie kurze Zeit später

noch allein in der Schlacht um Berlin verloren. Heute nehme ich jährlich an diesem Erinnern teil, das ja auch mein Leben betrifft.

Aber dieses Erinnern grenzt manchmal an Wehleidigkeit und führt dazu, gewollt oder nicht, die eigene Täterrolle zu relativieren. 40 000 Menschen sind durch deutsche Bombenangriffe in London ums Leben gekommen, sagte mir der Herzog von Kent, einer unserer Friedenspreisträger. Gorbatschow, unser erster Preisträger, wies mich auf die zerstörten russischen Städte hin und auf die Zerstörung von Warschau. Nein, da gibt es nichts zu relativieren. Die Deutschen haben ihr Land einer Verbrecherbande ausgeliefert, die einen Weltenbrand entfesselte.

Mein Leben nach der Flucht hatte zunächst wenig mit meiner Heimatstadt zu tun. Ich war ab und zu dort zu Besuch, so 1972 zum Fußballspiel Dynamo Dresden gegen Bayern München. Ich glaube, ich war der einzige unserer Delegation mit Genscher und Mischnick an der Spitze, der für Dynamo Partei ergriffen hatte. Auch als Bundesinnenminister habe ich Dresden mal besucht, ganz privat. Die Stasi-Akten, in die ich später Einblick hatte, ersetzen ein Fotoalbum.

Intensiver wurden die Beziehungen zum Ende der DDR, als mein Freund Burkhard Hirsch und ich Kontakte zur Bürgerbewegung aufgenommen hatten. Mit Frau Hamm-Brücher, deren Familie in Dresden unter den Naziverbrechen schwer gelitten hatte, habe ich einmal Bischof Hempel besucht. Es waren die Bürgerrechtler der evangelischen Kirche, zu denen sich in Berlin, Leipzig und vor allem auch in Dresden die Kontakte intensivierten. Hirsch und ich standen zum Beispiel in der Kreuzkirche nach den Demonstrationen anlässlich der Durchfahrt der Flüchtlingszüge aus Prag – eine dichtgedrängte Menge, die in der Kirche Zuflucht suchte vor der Gewalt der Staatsorgane. Superintendent Ziemer predigte gegen die Angst. Aus dieser Zeit stammen auch die engen Kontakte zu meinem Freund Jürgen Bönninger und seinen Gesinnungsfreunden. Das Zustandekommen eines Denkmals vor der Kreuzkirche, »Steine des Anstoßes«, das von diesem Kreis initiiert wurde und das an die Bürgerbewegung erinnern soll, haben meine Frau und ich durch unsere Stiftung mit ermöglicht. Diese Kontakte haben sich weiter vertieft. Heute diskutieren wir über die Gefahren, die in Dresden der Demokratie von denen drohen, die unser freiheitliches System bekämpfen und gerade in Dresden eine unheilvolle intellektuelle öffentliche Unterstützung erfahren. Ich weiß: Dresden ist anders, Dresden muss anders sein. Daran müssen wir arbeiten. Die besondere Erinnerungskultur, wenn sie ehrlich und selbstkritisch geschieht, trifft auch mein Empfinden, meine Trauer. Sie ist nicht zu verwechseln mit den Positionen der Neuen Rechten, für die es in Dresden deutliche Anfälligkeiten gibt. Wo liegen die Wurzeln?

In der DDR wurde die Nazizeit verdrängt. In der Bundesrepublik kam u. a. mit dem von Fritz Bauer vorangetriebenen Auschwitz-Prozess 1963 vor allem auch mit der Studentenbewegung 1968 ein Prozess der Erinnerung in Gang, der bis heute andauert und unserer Demokratie guttut. Wir Jüngeren wehrten uns damals energisch gegen eine Schlussstrichmentalität. Wir wollten unbedingt wissen, was passiert war und wer Verantwortung trug.

Die Demokratie bekam in den 70er-Jahren in der sozialliberalen Koalition einen Schub. Wir wollten das Grundgesetz leben. Wir kämpften für »Bildung für alle«, für die Gleichberechtigung der Frau, für ein liberales Familien- und Strafrecht, für überbetriebliche Mitbestimmung, gegen Umweltzerstörung – also für mehr verwirklichte Freiheit. In gewisser Weise wurde unsere Demokratie damals neu gegründet. Es gab Übertreibungen und Intoleranz. Im Ganzen aber hat diese Phase der Republik gutgetan. Ein Kernthema war: Die Folgen des Krieges mussten anerkannt werden, also vor allem die Oder-Neiße-Grenze. Deutschland war ohne klare Absage an den Revanchismus nicht zukunftsfähig. Der Kalte Krieg musste beendet, die DDR musste anerkannt und beide Staaten mussten nun endlich Mitglieder der UNO werden. Menschliche Erleichterungen im geteilten Deutschland waren das Gebot der Stunde. Wir Jüngeren in der FDP haben sehr dazu beigetragen, dass dieser Prozess schließlich in der Regierung Brandt/Scheel verwirklicht wurde, ohne den es die Wiedervereinigung so nicht gegeben hätte.

Alle diese zum Teil stürmischen und hochkontroversen Diskussionsprozesse gab es in der DDR nicht. Ehemalige NS-Täter wurden unter Druck von Erpressung zu willfährigen Werkzeugen des Regimes. Die Studie des Berliner Historikers Harry Waibel aus dem Jahre 2017 mit dem Titel »Die braune Saat. Antisemitismus und Neonazismus in der DDR« mit Informationen aus dem Quellenmaterial der Stasi, offenbart, was wirklich geschah: neonazistische Vorfälle, Rassismus, Straftaten antisemitischer Natur, Schändungen jüdischer Friedhöfe, Morde – und das alles in 400 Städten und Gemeinden. Immer wieder! Der Osten blendete in den Schulen, in der Öffentlichkeit und in der Wissenschaft die Ermordung der Juden völlig aus. Auch die von der Stasi erfassten Vorfälle blieben unter der Decke. Eine Gesinnung dieser Art, verbunden mit Straftaten gab es auch in der Bundesrepublik. Aber sie wurden immer auch zum Thema öffentlicher Kritik und Auseinandersetzung. Der Rechtsextremismus wurde im Westen lange Zeit unterschätzt. Die Gefahr, so verliefen die Wahlkämpfe, drohte von »links« – aus dem Osten. Aber Rechtsextremismus war dennoch immer Thema – wie auch der Linksextremismus.

Was ist heute in der früheren DDR anders? Joachim Gauck weist mit Recht darauf hin, dass es nur Teile der Bevölkerung sind, die traumatische Erfahrungen gemacht haben. Der strukturkonservative Teil der Bevölkerung ist eher von Ängsten geleitet. Das führt zu Realitätsverlusten und zu einer Furcht vor Veränderungen, vor dem Fortschritt schlechthin, ein Nährboden für die Rattenfänger von rechts. Die Ängste werden missbraucht und instrumentalisiert.

Und was ist in Dresden spezifisch an dieser Entwicklung? Durs Grünbein, ein Dresdner, beschreibt ein Dresdner Wir-Gefühl. Ich zitiere aus seinem Buch »Aus der Traum« (2019). So wird gedacht: »Wir sind hier die Dummen, die Abgehängten. Erst wird uns der König genommen, dann kommt Hitler, erklärt die Stadt zur Perle, und zum Schluss alles verloren ... und wieder diktiert Berlin die Regeln von Ulbricht und Honecker bis zur Kanzlerin Merkel«. Er spricht von der »Süßen Krankheit Dresden« und wendet sich bei aller Kritik aber auch gegen ungerechtfertigte Rufschädigung. Aber der Ruf der Stadt ist beschädigt. Und es ist ein besonderer Umstand, dass ein Kreis von Intellektuellen und auch der prominente Schriftsteller Uwe Tellkamp diese aufgestaute Frustration intellektuell unterfüttern – diese Panikmache, diese Instrumentalisierung von Angst, diese völkisch aufgeladene Fremdenfeindlichkeit. Schon die Bezeichnung »Charta 2017«, die sie unterschrieben haben, ist eine Provokation. Das ist keine Freiheitscharta wie die der Freiheitskämpfer um Václav Havel. Wir leben in einer funktionierenden Demokratie und nicht in der Tschechoslowakei der sechziger Jahre, in denen der Warschauer Pakt die Freiheit niedergeknüppelt hat –

und das auch noch mit Hilfe der Volksarmee der DDR. Wenn bei uns die Grundrechte in Gefahr sind, erhebt sich sofort Widerstand. Unser Grundgesetz gewährt auch Verfassungsfeinden Meinungs- und Versammlungsfreiheit. Das früher der Freiheit verpflichtete BuchHaus in Loschwitz ist ein Ort freiheitsfeindlicher Demagogie geworden, ein intellektueller Außenposten dumpfen völkischen Populismus. Diese Leute beklagen mangelnde Meinungsfreiheit und machen gleichzeitig von ihr regen Gebrauch. »Der Verrat der Intellektuellen« – das war ein Merkmal des vorigen Jahrhunderts, definiert von Julien Benda in einem berühmten Essay 1927. Er beschäftigte sich mit dem Verrat der Intellektuellen in der Dreyfuss-Affäre. Der Verrat setzte sich fort in den Diktaturen des 20. Jahrhunderts. Ralph Dahrendorf spricht in seinem letzten Buch »Versuchungen der Unfreiheit« von der Verantwortung des »öffentlichen Intellektuellen«. Er beschreibt Mut und Tapferkeit gegenüber Diktaturen und den Verrat der Freiheit durch intellektuelle Hilfsdienste für Freiheitsfeinde. Dieser Verrat an der Freiheit findet heute auch in Dresden statt – nicht gegenüber einer Diktatur, sondern gegenüber Tendenzen, durch die unsere demokratische Ordnung diskreditiert und geradezu verachtet wird. Bei aller verständlichen Kritik an manchen Fehlentwicklungen und Schwächen unserer Demokratie: Es wird eine Grenze überschritten, wenn Fremdenfeindlichkeit, Rassismus und Menschenfeindlichkeit ins Spiel kommen. Es ist in Deutschland nach den furchtbaren Folgen des Rassismus nur noch eines möglich: eine strikte Ablehnung dieser menschenverachtenden Haltung, in der neuer Antisemitismus steckt und die Feindseligkeit gegen alles Andersartige, gegen andere Religionen, gegen andere Lebensweisen, gegen Schwache, gegen Minderheiten. Es wird mit den Ängsten gespielt. Es wabern Verschwörungstheorien. Es wächst Widerstand gegen Weltoffenheit. Vieles ist spezifisch für die neuen Bundesländer, nicht nur für Dresden. Vieles davon geschieht aber auch in den alten Bundesländern. Der Osten ist besonders anfällig. Und es gibt in alledem etwas Dresden-Spezifisches. Da kommt mir zum Beispiel die Stimmung zu Weihnachten in Erinnerung, auf dem Striezelmarkt, damals noch im Stallhof. Diese besondere Innerlichkeit zur Weihnachtszeit ist bemerkenswert. Aber sie trägt eine Gefahr in sich: dass man sich auf sich selbst zurückzuzieht – nicht nur zu Weihnachten. Da wird ein Heimatgefühl zelebriert, das sehr leicht der Versuchung unterliegt, sich der Welt zu verschließen. Geht von einer solchen Gemütslage eine Hinwendung zu einer völkisch definierten Gesellschaft aus? Nun möchte ich Weihnachten nicht als Nährboden für PEGIDA in Anspruch nehmen, aber es ist schon bemerkenswert, wie PEGIDA Weihnachten missbraucht. Eine gewisse Form deutscher Innerlichkeit war nie demokratieförderlich.

Schlimm vor allem ist die Abkehr von Europa. Europa ist unsere Zukunft, wir haben keine andere. Europa heißt auch Solidarität mit den schwächeren Staaten. Dagegen steht wieder die deutsche Zipfelmütze. Mehr irrational als problemorientiert und eben weniger pragmatisch, wie andere Völker handeln.

Ich will mit optimistischen Gedanken schließen. Wir sind eine starke Demokratie. Das beweist sich auch in Corona-Zeiten. Aber wir müssen noch entschiedener Widerstand leisten, wo es geboten ist. Den intellektuellen Verführern in Dresden muss gesagt werden, was Sache ist. Sie verraten die Demokratie statt sie gegen die Neonaziideologen zu verteidigen, gegen Hetztiraden und Hass, den Keimzellen der Gewalt. Wir sind ein Einwanderungsland und werden es immer stärker werden – ein Einwanderungsland, in dem wir durchaus unsere Identität bewahren können. Manchmal habe ich den Eindruck, dass wir nicht nur Fremde integrieren müssen, sondern auch Deutsche re-integrieren müssen, die sich vom demokratischen Konsens entfernt haben. Wir müssen sie von den Vorzügen unserer Gesellschaftsordnung überzeugen. Jede Anpassung verbietet sich. Sie ist auch erfolglos. Nur so festigen wir unsere Demokratie. Dieser Kreis um Tellkamp beansprucht Deutungshoheit. Diese muss ihm entwunden werden.

## GERHART BAUM

Er ist gebürtiger Dresdner, Jurist und FDP-Politiker. Nach der Zerstörung der Elbestadt im Februar 1945 floh seine Mutter mit ihren drei Kindern nach Bayern, später zog sie nach Köln. Baum machte 1953 das Abitur studierte Rechtswissenschaften. Von 1962 bis 1972 war er Mitglied der Geschäftsführung der Bundesvereinigung der Deutschen Arbeitgeberverbände. Von 1972 bis 1978 war er Parlamentarischer Staatssekretär im Bundesministerium des Innern. Von 1978 bis 1982 übte er das Amt des Bundesministers des Innern in der sozialliberalen Bundesregierung aus. Nach dem Bruch der sozialliberalen Koalition trat er am 17. September 1982 gemeinsam mit den übrigen FDP-Bundesministern zurück. Er befasste sich fortan als Bundestagsabgeordneter mit Bürgerrechten, Umweltschutz und Kulturpolitik. Ab 1992 war er für die UNO tätig. In seiner alten Heimat unterstützt er seit Jahren den Dresdner Friedenspreis.

**SpottGedicht**

Guten Tag, Frau Kragen,
heute schon geplatzt und zugeschlagen?
Zum Glück gibt es noch andere Plagen
als Ihren Umlege- und UmschlagKragen,
Ihren Mühlstein- und NeidKragen,
Ihren kleinkarierten KampfKragen.
Wann, Frau Kragen,
werden Sie Haken und Kreuz schlagen?
Wenn Sie mit Rechten Tanten reden und Jein sagen?
Wenn Sie schulterwärts vorwärts sehen,
                weil Sie rückwärts gehen,
wirkt das sehr verschlagen,
als würden Sie jeden Moment zuschlagen,
einen Fliegenschiß Ihres Gauleiters breitschlagen.
Erst Porzellan zerschlagen, dann wehklagen,
erst UnRecht einklagen, dann Korridore entlangjagen.
Also wirklich, Frau Kragen,
wie Sie sich aufblättern, kann nicht jeder vertragen.
Zum Glück gibt es noch ganz andere Plagen.

Michael Wüstefeld

Dresden, Juli 2020

KALEIDOSKOPWAHRHEITEN

Text ✕ **Eric Hattke**

# KALEIDOSKOP-WAHRHEITEN

Der Autor engagierte sich in Dresden, schätzte manches falsch ein, erhielt Morddrohungen. »Stadtluft« bat ihn, all das aufzuschreiben.

Meine Geschichte beginnt mit einem großen Zufall, der für unvorhersehbare Konsequenzen sorgte. Mit einer E-Mail im Postfach, die fast nicht gelesen worden wäre. Diese führte ironischerweise dazu, dass bald noch viel mehr Mails im Postfach landeten, von denen ich die meisten lieber nie gelesen hätte. Aber alles zu seiner Zeit.

Der englische Autor Terry Pratchett hatte weder Abitur noch einen Studiumabschluss und bekam im Laufe seines Lebens zehn Ehrendoktorwürden verliehen. Mit rund 85 Millionen verkauften Büchern, welche in 37 Sprachen übersetzt wurden, gehört er zu den erfolgreichsten Autoren unserer Zeit. Was hat ein englischer Fantasy-Schriftsteller mit meiner Geschichte zu tun? Irgendwie alles und doch, zugegeben, sehr wenig. Er betonte: »Die wahrhaft menschliche Qualität besteht nicht aus Intelligenz, sondern aus Fantasie«. Seine Bücher haben mir dieselbe Welt neu gezeigt. Eine Welt, voller Ironie, Absurditäten und Widersprüche, die sich nicht aufheben lassen und gerade deshalb eine Anziehungskraft auf mich besitzt, wie Speiseeis auf kleine Kinder. Dass ich die letzten Jahre durchgehalten habe, verdanke ich meiner Familie, meinen Freunden und den Romanen von Terry Pratchett. Ich habe durch ihn eine Sichtweise auf die Welt kennengelernt, die dem Schlechten im Leben mit Humor begegnet. Die es schafft, immer mit einer zusätzlichen Perspektive die Situation zu beurteilen. Für diese Art der Sicht auf die Dinge, eine Sicht, welche die Absurditäten in der Welt willkommen heißt, bietet Dresden geradezu einen schier unerschöpflichen Pool aus komischen Merkwürdigkeiten, abscheulichen Schauergeschichten und Momenten zwischenmenschlicher Liebe.

Pratchett schrieb einst: »In jedem alten Menschen steckt ein junger, der sich wundert, was mit ihm passiert ist.« Ich glaube, dass es dafür kein großes Alter braucht …

Meine Geschichte spielt in einer bemerkenswerten Stadt – einer Stadt, die ich lieben gelernt habe. Von der Natur durch einen Fluss getrennt und von menschlicher Hand durch Brücken verbunden. Eine Stadt, deren Stadtteile und Milieus wie eine eigene kleine Bundesrepublik, bestehend aus verschiedenen kleinen Inseln, miteinander getrennt leben. Eine Stadt, in der man das aufregende Gefühl eines Grenzgängers empfinden kann, wenn man sich in ihren kleinen Inseln hin und her bewegt. Manchmal scheint es mir, als ob Dresden sein eigener Gefangener ist – zwischen Minderwertigkeitskomplexen, Abstiegsängsten und der eigenen Vergangenheit. Beflügelt von großen Erfolgen, wachsendem Wohlstand aber auch kulturmetropolischem Größenwahn. Eine Stadt der Extreme. Dresden ist so vielschichtig, dass eine Verengung auf wenige Zeilen ihr niemals gerecht werden könnte. Sie ist aber vor allem eins, und das ist das Schlimmste: Sie

ist wunderschön. Und ähnlich wie der Blick in die Sonne, die ohne Zweifel ihre glanzvollen Reize hat, erzeugt sie blinde Flecken, die es vermögen, die unschönen Stellen auszublenden.

Als ich 2010 nach Dresden kam, wusste ich das alles natürlich nicht. Ich kann mich noch ziemlich genau an meinen ersten Eindruck erinnern. Mit dem Zug fuhr ich über die Brücke, als Sichtachse den Canaletto-Blick. Und ich dachte naiv: »Wow, was für eine riesige Metropole.« Es war der Blick von einem, der in einem winzigen ostdeutschen Dorf aufgewachsen ist. Wenn man eine halbe Stunde geradeaus geht, hat man dieses bereits hinter sich gelassen und dabei sogar noch genug Zeit für einen Abstecher ins Dorfmuseum gefunden. Am Tag fuhr fünfmal der Bus in die nächst größere Stadt, die zwar kein Kino, aber immerhin ein Schwimmbad hatte. In Dresden fährt an der Haltestelle meines ehemaligen Studentenwohnheims alle fünf Minuten ein Bus ab. Zudem gibt es nicht nur ein, sondern gleich mehrere Kinos, die zudem auch noch unterschiedliche Filme zeigen!!!*

*Ja, ich bediene mich hier der sehr populär gewordenen Unsitte von mehreren Ausrufezeichen, um zu verdeutlichen, welch ein herrlicher Wahnsinn das damals für mich war. Manch einer benutzt diese in der unberechtigten Hoffnung, sein Anliegen würde dadurch eine höhere Relevanz bekommen, überzeugender oder gar intelligenter anmuten – was an sich schon urkomisch ist. Terry Pratchett wusste bereits 1990: »Mehrere Ausrufezeichen – sicherer Hinweis auf geistige Umnachtung.«

Als wäre dieses Ausmaß an Reizüberflutung für ein naives Landei nicht genug, müssen auch gleich mehrere zentrale Verkehrsknotenpunkte mit einem »P« beginnen: Postplatz, Prager Straße und Pirnaischer Platz. An der Technischen Universität Dresden gibt es die Alte Mensa, die saniert und neu aussieht, und die Neue Mensa, die mit ihrem unsanierten DDR-Charme alt aussieht. Ich bin oft an der falschen Haltestelle ausgestiegen und mehr als einmal warteten Kommilitonen vergeblich vor genau der anderen Mensa auf mich. Überall Verwirrung. Ich habe es geliebt!

Ich studierte an der TU Dresden Geschichte und Philosophie, zugegebenermaßen nicht die Fächerkombination, die das Herz des Jobcenters wegen hoher Vermittlungschancen höherschlagen lässt. Nebenbei kellnerte ich, lernte neue Menschen, Orte und gelegentlich auch mich selbst näher kennen. Bis zu dem schicksalhaften Nachmittag, der mein Leben verändern sollte, war ich an Politik eher mäßig interessiert. Ich wusste zwar, dass sie existierte und wirkte, ließ mich davon aber nicht stören. Jene schicksalhafte E-Mail sollte das alles ändern. Damals saß ich auf meinem Bett und klickte, eher aus Langeweile als mit einem wirklichen Ziel verbunden, das Mailpostfach durch. Lange Mails vom Rektorat und dem Studierendenrat hatte ich bisher erfolgreich ignoriert und auch diese Mail wollte ich ungelesen lassen. Versehentlich klickte ich ein paar Millimeter neben den Löschen-Button, so dass die Mail aufging. In dieser suchte die Landesvertretung der Studierenden jemanden, der die Landtagswahlen 2014 thematisch aufarbeitete. Weil ich ein längeres Praktikum im Bundestag absolviert hatte, glaubte ich, schon alles Nötige irgendwie zu wissen. Außerdem gefiel mir die Aussicht auf ein wenig Geld nebenher. Also bewarb ich mich. Die Stelle bekam zwar jemand anderes, dafür wurde ich unerwartet Referent für Öffentlichkeitsarbeit. Daraus ergaben sich eine Vielzahl von Projekten, die ich später auch im Studierendenrat der TU Dresden umsetzte. Nach vier Jahren hatte ich mich eigentlich ganz gut in Dresden eingerichtet – dann kam PEGIDA und alles sollte sich ändern ...

Was für ein Mensch bin ich? Das habe ich mich auch schon vor PEGIDA gefragt. Vielleicht eine Art »Berufskrankheit« von Philosophiestudenten. Ähnlich wie Psychologen, denen man ja nachsagt, sie wollen am Ende nur sich selbst therapieren. Je nach Zeitpunkt fand ich verschiedene Antworten, die mich mal mehr, mal weniger zu einem guten Menschen machten. Terry Pratchett meinte: »Es gibt zwei Typen von Menschen auf der Welt. Da sind jene, die – wenn man ihnen ein exakt halbvolles Glas reicht – sagen: »Dieses Glas ist halb voll.« Und dann gibt es jene, die sagen: »Dieses Glas ist

**Stadtluft** Dresden 5

halb leer.« Die Welt gehört jedoch jenen, die das Glas anschauen können und sagen: »Was ist mit diesem Glas los? Entschuldigen Sie? Das soll mein Glas sein? Mein Glas war voll! Und es war größer!«

Alles, was ich immer wollte, war alles. Ich wollte immer der Typ sein, der das volle Glas mit einem Lächeln überreicht bekam. Ich wuchs als Einzelkind in einem Viergenerationenhaushalt mit viel Liebe und Geborgenheit auf. Das sorgte dafür, dass ich die Welt als einen Ort der Sicherheit wahrnahm. Aber auch dafür, dass ich ein ziemlicher Egoist war, der sich selbst als die Sonne und andere um sich herum lediglich als Trabanten wahrnahm. Der größte Unterschied zwischen meinem »Ich« von damals und heute ist die Arbeit an genau diesem Problem. Übrigens ein Umstand, der weniger mir anzurechnen ist als meinen geduldigen Freunden, die über Jahre an meiner Seite waren. Andere Freundschaften sind zerbrochen. Nicht ohne Schmerz und Scham blicke ich auf großartige Menschen zurück, die ich für immer verloren habe.

Und noch etwas hat sich verändert: Das Gefühl der Sicherheit, und zwar nicht nur meiner eigenen. Meine Familie lebt seit gut 600 Jahren auf dem gleichen Stück Land. Ich bin der Erste in meiner Familie, der in einer Demokratie großwerden durfte. Der dieses Ausmaß an Freiheit und Wohlstand genießen kann. Wenn ich jetzt darüber schreibe, macht es mir fast Angst. Weil es bedeutet, dass dieses System in Ostdeutschland noch jung ist, zerbrechlich. Niemand kann garantieren, dass es immer so bleiben wird. Es folgt sicher, lässt man die Hypothesen einiger Philosophen beiseite, ein Tag auf den anderen. Mit der gleichen Gewissheit hatte ich das Fortbestehen unserer Demokratie vorausgesetzt. Aber das war vor PEGIDA.

Dezember 2014: Ich saß an einem langen Tisch und schob nervös den Zettel mit Stichpunkten in meiner Hand hin und her. Jemand sagte freundlich »Sie sind dran« und ich begann, mit vorgespielter Entspanntheit den Zettel vorzutragen. Als ich vor mich hin stammelte, begann mein linkes Bein voller Nervosität unkontrolliert zu wippen. Es war die erste Pressekonferenz für mich und ich hatte keine Ahnung. Am besagten langen Tisch saßen Vertreter der Fraktionen, der Kirchen und der Jüdischen Gemeinde. Darunter ich, stellvertretend für die Studierenden der Dresdner Hochschulen. Ein Zufall, der mit der Mail begonnen hatte, die ich eigentlich löschen wollte.

Als ich mich für den Studierendenrat engagierte, lernte ich die anderen Dresdner Hochschulen kennen und mir wurde zum ersten Mal klar, dass es da noch mehr gab als die Exzellenzuniversität TU Dresden. Wieder hatte ich das herrliche Gefühl eines Grenzgängers, der neue Welten erkundete, die nebeneinander existierten. Sieben Studierendenvertretungen schlossen sich damals zusammen. Wir organisierten Filmvorführungen, die zeigten, wie weit rechtsradikales Gedankengut im Untergrund in Deutschland existiert. Der Regisseur kam und ich lernte das erste Mal zwei große Unbekannte kennen: die Öffentlichkeitsarbeit und den Rechtsradikalismus, ohne zu wissen, dass diese mich bis heute begleiten würden.

Ende 2014 bekam der Studierendenrat der TU Dresden eine Anfrage von »Dresden für Alle«. Einem stadtweiten Zusammenschluss, der gerade entstand. Sie baten um einen Vertreter der Studierenden. Es ging um die erste Demonstration, einen Sternenlauf, den das Netzwerk organisierte. Sie schickten mich und ich ging gern. Unerfahren, aber interessiert und aufgeregt. Durch die Zusammenarbeit mit den anderen Hochschulen dürfte ich auch für deren Studierende sprechen.

Bis dahin war ich nicht ein einziges Mal auf einer Demonstration gegen PEGIDA. Ehrlicherweise hatte ich bis zu diesem Zeitpunkt noch an gar keiner Demo teilgenommen. Ein Kommilitone fragte mich, ob ich ihn zu einer Gegendemo begleiten würde. Mit einem Freund organisierten ich damals eine Veranstaltung, die den Zusammenhalt von Studierenden verschiedener Fachrichtungen stärken sollte. Ich dachte: »An einem kalten Abend in einer Menschenmenge stehen und sich die Füße abfrieren? Was für eine Zeitverschwendung.« Diese Haltung begegnet mir auch heute noch. Ich kann sie verstehen, weil ich auch so dachte. Heute habe ich für mich erkannt, dass eine Demonstration eine Möglichkeit auf politische Beteiligung ist. Mit ihr kann die Bevölkerung politische Prozesse beeinflussen – zum Guten und zum Schlechten. Sie kann das Klima und den Ruf einer ganzen Stadt verändern. Eine Gegendemonstration ist viel mehr als laute Rufe und Trillerpfeifen. Sie ist Teil eines Aushandlungsprozesses. Damals war mir nicht klar, was PEGIDA für Dresden bedeuten würde. Auch nicht, dass mein Auftritt auf der Pressekonferenz Konsequenzen für mich birgt. Ich dachte, es wäre einfach eine Aufgabe von vielen, die ich erledigen und danach wieder vergessen würde.

»Du ekelhafte grünrotversiffte Drecksau. Hoffentlich hängst Du bald an deinen verfaulten Eiern.«

»Wir habe Deinen gutmenschlichen Quatsch gelesen und freuen uns darauf, Dir in einem persönlichen Gespräch

bei einem persönlichen Besuch in Deiner persönlichen Umgebung umfassend zu antworten. Du willst Hass – den kannst Du haben. Du willst schlagkräftige Argumente – liefern wir. Bei Dir persönlich. Freu Dich drauf.«

»Für die folgende Verleumdung werde ich Sie hart bestrafen lassen: ›Unsicherheiten und latente Angst vor dem Unbekannten und Fremden werden durch die PEGIDA genutzt und verstärkt, um Hass und Widerstand gegen Geflüchtete zu schüren.‹ Denn du sollst nicht falsch Zeugnis ablegen wider deinen Nächsten.«

Was war denn das? Mein Mailpostfach quoll auf einmal über. Mein Handy begann zu klingeln und, ohne vorher wenigstens ein halbherziges »Hallo« von sich zu geben, begannen wüste Beleidigungen. Wie unhöflich. Ich verstand das nicht. Und ich hatte Angst. Egoistischer Weise am allermeisten um mich selbst. Die Pressesprecherin der TU Dresden gab mir telefonisch einen Rat mit zwei Optionen: 1. Du hörst sofort auf und verkündest das offiziell. 2. Du machst die Drohungen bekannt. Öffentlichkeit kann Schutz bedeuten.

In dem Moment meiner Entscheidung ging es nicht um die Sache. Nicht um die Werte, an die ich glaubte und für die ich auf der Pressekonferenz gesprochen hatte. Zur Angst gesellte sich ein weiteres Gefühl: Wut. Offenbar dachten sich ein paar Menschen: »Wir picken uns das leichteste Opfer unter denen raus, die vor der Presse eine große Klappe hatten. Und am besten nehmen wir den da in der Mitte, den dünnen Bubi mit dem Wuschelkopf.« Da dachte jemand, ich würde einfach so einknicken und aufgeben. Die Entscheidung fiel nach wenigen Minuten für Option 2. Und nicht, dass hier ein Missverständnis aufkommt: Ich war nicht mutig – ich war naiv.

Es kamen immer mehr Mails und Anrufe. Pakete und Zeitungen, die ich nicht bestellt hatte, und es standen Menschen vor meiner Tür, die ich nicht kannte. Ich bin umgezogen, hatte mich sogar eine Zeit lang bei einem Freund versteckt, ohne zu wissen, ob das wirklich nötig war. Zusammen mit vielen Engagierten half ich bei der Vorbereitung von Demonstrationen, organisierte Projekte, gab Interviews. Es war ein tolles Gefühl für etwas einzustehen, das größer als man selbst ist. Auch zu wissen, dass das, was ich sagte, tatsächlich Menschen hörten oder lasen, war ein aufregendes Gefühl. Ich fühlte mich ernst genommen und mir schien, als hielte ich das ersehnte volle Glas bereits in meiner Hand. Damals war ich zu sehr mit mir selbst beschäftigt, um zu erkennen, was ich meiner Familie damit abverlangte.

Für meinen Alltag bedeutete die Bedrohungslage mehr Vorsicht. Es geht darum, den Ausgleich zwischen Achtlosigkeit und Panik zu finden. Ich begann den Raum um mich herum abzuscannen. Um herauszufinden, welche Personen gefährlich sein könnten, welche zur Hilfe bereit wären und wer der typische Beobachter ist, der im Falle eines Falles so tut, als wäre er gerade nicht anwesend. Dieser Scanvorgang läuft heute automatisch bei mir ab, ich kann ihn nicht abstellen. Mein Verlust von naiver Sicherheit im öffentlichen Raum.

Diese Episode stellt nur einen kleinen Teil meiner Geschichte dar. Ich möchte nicht mit »dem armen Studenten, der von bösen Rechtsradikalen bedroht wurde« bis in alle Ewigkeit assoziiert und darauf reduziert werden. Ich definiere mich nicht über eine Gegnerschaft zu irgendwelchen Gruppen.

Bei allen Demonstrationen betonte ich immer, dass wir FÜR etwas auf die Straße gingen, erst im zweiten Schritt GEGEN das waren, was unsere Werte angriff. Für Menschenwürde, für Toleranz, für eine weltoffene Stadt, die sich nicht in Ängsten vor dem Unbekannten verliert. Das hielt einige nicht davon ab, mich für einen Linksradikalen zu halten. Auf der anderen Seite hieß es, dass ich zu gemäßigt sei, eben ein Bourgeois. Schubladen sind mehr als ein übersichtlicher Ort für Wäsche. Ich wollte immer als jemand wahrgenommen werden, der aus der vielbeschworenen Mitte der Gesellschaft kommt – ernst genommen und von denen gehört werden, die in meinen Augen die Macht besaßen, Dinge zu verändern. Das lag daran, wie ich aufwuchs. Ein Lebensabschnitt, in dem es keine »Ränder« zu geben schien. Um genau zu sein, kannte ich als Kind nichts, das manche als »anders« bezeichnen würden. Keine Menschen mit Migrationshintergrund, keine Menschen mit einer Behinderung, keine Menschen, die nicht heterosexuell waren. Alle entsprachen irgendwie augenscheinlich der gleichen Norm. Alles war »normal«.

Als ich nach Dresden zog und zum ersten Mal in Kontakt mit »den Anderen« kam, verspürte ich vor allem Scham. Ich wusste nicht, was ich sagen sollte, wenn mein Gegenüber und ich uns nicht verstanden, weil wir nicht die gleiche Sprache benutzten. Oder wie ich mich in der Gegenwart eines Menschen mit einer Behinderung verhalten sollte. Unsicherheit, Mitleid und das Gefühl, etwas Falsches zu sagen, schufen eine Kluft zwischen mir und den Menschen, die sich vor allem durch Äußerlichkeiten von mir unterschieden. Durch »Dresden für Alle«, aber auch schon davor an der Universität, konnte ich dem nicht mehr ausweichen. Was mir geholfen hat, waren die vielen Begegnungen mit Menschen, die genau dafür Verständnis hatten. Sie zeigten mir eine Leichtigkeit im Miteinander, die ich vorher nicht kannte. Leuchtende großformatige Botschaften, die verkünden, dass wir jeden Menschen zuerst als Menschen wahrnehmen sollen, klangen so lange einfach für mich, wie ich nicht danach lebte.

Ich liebe die Vielfalt, die unsere Welt, unsere Stadt bietet. Nicht weil sie einfach ist oder in einer Festrede mit gespielter Weltoffenheit gut klingt. Ich liebe sie, weil sie mir wieder das aufregende Gefühl eines Grenzgängers gibt. Weil ich etwas Neues entdecken, unterschiedliche Blickwinkel und Lebensweisen kennen lernen kann, ohne sie mir zu eigen machen zu müssen. Ich liebe die Freiheit in unserer Gesellschaft, die mir erlaubt, genau das zu erkunden und der zu sein, der ich sein möchte. Natürlich bin ich mir bewusst, vor allem als Bewohner von Dresden, der Heimatstadt von PEGIDA, dass Diskriminierung ein Teil dieser Welt ist. Dass die von mir angepriesene Freiheit nur allzu gern dazu benutzt wird, Menschen zu verunglimpfen und Hass zu schüren.

Etwas, das mich heute schier verrückt macht, ist die Gleichsetzung von Freiheit mit Grenzenlosigkeit, von Demokratie mit Beliebigkeit.

Noch 2015 hatte ich versucht, für alle und alles Verständnis zu haben. Zum einen, weil ich der irrigen Sehnsucht anhing, von allen gemocht zu werden, zum anderen weil ich mir nicht vorstellen konnte, dass es heutzutage noch Rassisten gibt. Aber, und das ist natürlich der Hauptgrund, weil ich nicht wusste, was Demokratie wirklich für mich bedeutete.

»Jetzt!« »Nein, noch nicht!« »Jetzt aber!« »Nein, wir warten noch!« Ich hatte mich gefühlt wie ein General in einem mittelalterlichen Epos, der den Bogenschützen gut zuredete, erst abzufeuern, wenn der richtige Zeitpunkt gekommen war. Es war Ende Dezember 2014. Zusammen mit Vertretern der Staatlichen Kunstsammlungen und der Semperoper stand ich dicht gedrängt in der Schinkelwache. Dies ist ein kleines Gebäude, von dem aus man den Theaterplatz und die sich dahinter aufrichtende Semperoper sehen kann. Auf dem Platz hatten sich 17 500 PEGIDA-Anhänger zum Weihnachtsliedersingen versammelt. Die Semperoper hatte ihr Licht ausgeschaltet. Ein Hochleistungsbeamer war bereit, aus dem kleinen Fenster auf die dunkle Semperoper, über die Köpfe der Anhänger von PEGIDA, folgende Worte zu projizieren: »Refugees welcome. Menschenrechte sind nicht teilbar.« Wir warteten auf den richtigen Zeitpunkt. PEGIDA legte eine Schweigeminute ein. Ich empfand damals Ekel, weil sie offen gegen Menschen hetzten und im gleichen Atemzug für Weltfrieden zu beten schienen. Als der Beamer anging und die Semperoper beleuchtete, dauerte es eine Weile, bis die Weihnachtssänger auf dem Theaterplatz merkten, was gerade geschah.

Es war für mich damals eine Aktion, die bewusst stören sollte. Mit der ein Teil der Stadtgesellschaft zeigte: »Wir wollen nicht, dass ihr die Wahrzeichen unserer Stadt für eure Hetzreden missbraucht.« Was mir vor allem in Erinnerung geblieben ist, war die Reaktion der PEGIDA-Anhänger. Als klar war, was da über ihren Köpfen leuchtete und im wütenden Wissen der Machtlosigkeit das zu unterbinden, drehten sich die 17 500 Köpfe um, richteten ihre Blicke auf das kleine Fenster der Schinkelwache, aus dem der grelle Lichtstrahl fiel, und begannen zu brüllen. Wir, die dort oben waren, wichen wie auf ein Kommando schlagartig an die gegenüberliegende Wand zurück. Wir pressten uns mit unseren Rücken an die Regale und hofften, dass die Brüller nicht versuchen würden, das Gebäude zu betreten. Dieser Augenblick, als uns eine so große Menge von Menschen anbrüllte, der Blick der anderen, der genauso voller Angst dem eigenen Blick begegnete … ich kann ihn noch heute fühlen. Ich hatte schon immer ein gewisses Unbehagen gegenüber größeren Menschenansammlungen. Das zornige Brüllen der Parolen aus tausenden von wütenden Kehlen schien mir wie eine düstere Warnung einer möglichen unheilvollen Zukunft.

Mit der Zeit verschob sich mein Engagement vom Mitorganisieren von Demonstrationen zur Planung und Durchführung verschiedenster Projekte. Das vorletzte Mal, als ich eine Gegendemonstration anmeldete, war, als der niederländische Rechtspopulist Geert Wilders im Jahr 2015

PEGIDA einen zweifelhaften Ehrenbesuch abstattete. Es war mir wichtig, anschlussfähig für die gesellschaftliche Mitte zu sein. Umso mehr verärgerte mich an verschiedenen Punkten die Reaktion oder das Nichtagieren der sächsischen Union. Wie keine andere Partei in Sachsen gestaltet sie den Freistaat und trägt im besonderen Maß Verantwortung für ihn. Vielleicht war meine beständige Kritik an ihr, zum Beispiel wegen der zu geringen Förderung der politischen Bildung und der oftmals fehlenden Anerkennung von zivilgesellschaftlichen Leistungen, ein Grund dafür, warum ich von Konservativen immer als weitaus linker wahrgenommen wurde, als ich mich selbst sehe. Ein Hinweis darauf, wie viel sich an mancher Stelle in der sächsischen Politik verändert hat, ist die letzte Demonstration, für die ich im Februar 2020 Anmelder war. Manchmal begegnen einem Momente voller Ironie. Das Äquivalent eines verschmitzten Lächelns im Gesicht des Universums. Der Name der Demonstration lautete »Demokratie braucht Rückgrat« und wurde von der Sächsischen Bibliotheksgesellschaft, dem FDP- und dem CDU-Kreisverband Dresden getragen. Und es begab sich in Dresden auf dem Neumarkt, vor den Toren der Frauenkirche, ein echtes kleines Wunder. Zwei Demonstrationen, in ihrer Ausdrucksweise verschieden, die eine eher aus dem konservativen, die andere eher aus dem linken Milieu – stehen nebeneinander für die gleichen Anliegen ein: für unsere demokratischen Grundwerte und gegen Hetzparolen. Dass ich mit dem Generalsekretär der Sächsischen Union einmal auf dem gleichen Lautsprecherwagen stehen würde, weil es zusammen mit dem CDU-Kreisverband Dresden eine Demonstration gegen PEGIDA gibt, hätten vor sechs Jahren weder ich noch er geglaubt.

Natürlich passen nicht alle Erlebnisse, Erfahrungen und Projekte in diesen einen Text. Zwei Fragen möchte ich aber noch nachgehen:

Was bleibt? Was bleibt jenseits vom eitlen Gegacker des eigenen Egos? Jenseits von den Dingen, die man sich in den Lebenslauf schreiben kann und dessen bester Erinnerer meistens nur man selbst ist. Früher habe ich geglaubt, dass das, was ich zusammen mit anderen tat oder tun durfte, lange Zeit nachwirken würde. Sowohl die Auswirkungen bestimmter Projekte als auch ich selbst, im Gedächtnis meiner Mitmenschen. Die Realität ist aber: Gestern ist gestern und heute ist heute. Und heute gibt es schon neue Probleme, neue Nachrichten, neue Menschen. Das ist auch gut so. Langes Schwelgen im Vergangenen hat noch nie viel geholfen. Was für mich bleibt sind die Erinnerungen an einzelne Szenen, Begegnungen, an Fetzen, die nicht greifbar und in gewisser Weise, da sie der Vergangenheit angehören, nicht mehr real sind. Es bleiben Erfahrungen, von denen ich hoffe, dass sie mich nicht die gleichen Fehler wiederholen lassen, die ich schon einmal begangen habe.

Die Enttäuschung über falsche Versprechen von anderen oder den Schmerz und die Peinlichkeit von Versprechen, die man selbst gegeben, aber nicht eingehalten hat. Der Bruch von Vertrauen und meine Leichtgläubigkeit, dass jeder der nett zu mir ist, es auch gut mit mir meint. Die Scham, die noch in der Erinnerung weiterexistiert, wenn man gute Freunde schlecht behandelt hat und sie deswegen für immer verlor. Und die Freude über diejenigen, die bis heute geblieben sind. Ob ich nachhaltig aus allem gelernt habe, wird die Zukunft zeigen. In Situationen, in denen es keine einfachen Entscheidungen gibt. Ebenso ob meine Arbeit in Dresden etwas verändert hat, oder nicht. »Die Eule der Minerva fliegt immer in der Abenddämmerung*«. (*das faule Ding)

Was kommt? Pratchett schrieb einst: »Für gewöhnlich denken die Menschen so konzentriert daran, was als nächstes geschehen wird, dass sie es erst merken, wenn sie darauf zurückblicken.« Das mag, auf der persönlichen Ebene, oft stimmen. Und auf dieser möchte ich so ein Mensch nicht sein. Ich will in der Lage sein, das was jetzt geschieht wahrzunehmen, ohne dafür planlos im Leben umherzuirren. Die viel spannendere Frage ist doch: Was kann für unsere Gesellschaft kommen?

Die Corona-Krise hat alte und neue Demokratiefeinde auf den Plan gerufen, die ihre Parolen angepasst haben – der Inhalt bleibt unverändert. In einer komplexen Welt mit globalen Herausforderungen wie Pandemien,

Klimakatastrophen und Fluchtbewegungen haben Rattenfänger immer Hochkonjunktur. Und eines habe ich im Umgang mit Populisten gelernt: Auf kurze Sicht verliert man immer. Nimmt man sie ernst, gibt man ihnen einen unverdienten Platz in der Mitte unserer Gesellschaft. Ignoriert man sie, präsentiert man ihnen die Opferrolle auf einem Silbertablett. Autoren, die dem demokratiefreundlichen Publikum durch eigenes Bekenntnis zur Humanität und Toleranz schmeicheln wollen, erwähnen an dieser Stelle, dass man nie gegen Personen, sondern gegen Meinungen vorgehen sollte. Dass es nur die Wahrheit und das immer wiederkehrende Beschwören des Guten braucht, um genügend Menschen auf der demokratischen Seite zu halten. Auf der sich ja zweifellos eh die überwiegende Mehrzahl der Bürger befindet. Es wird dann oft davon gesprochen, Ängsten zu begegnen, Sorgen ernst zu nehmen und allgemeines Verständnis für den Unsinn des Anderen aufzubringen. Denn das ist ja Demokratie – in der jeder alles sagen darf und wenn nicht, dann ist es Diktatur, gegen die man kämpfen muss.

Mit diesem spöttischen Unterton möchte ich nicht sagen, dass nur Spinner gegen die Corona-Maßnahmen demonstrieren oder dass jeder Zweifel an staatlichen Instanzen Dummheit ist. Es kommt, eben wie bei vielen Dingen, auf das richtige Maß an – die Dosis macht das Gift. Und genauso verhält es sich mit Verständnis. Oft glaube ich, dass wir zu weich mit offensichtlichen Demokratiefeinden umgehen. Dass wir die gesetzlichen Möglichkeiten einer wehrhaften Demokratie nicht ausschöpfen und damit zu viel an falscher Stelle ermutigen.

Ich habe erlebt, dass sich Verantwortungsträger verschiedener Organisationen hinter falsch verstandener Neutralität versteckten und zu allem Überfluss noch stolz darauf waren. Unsere Demokratie, unser Grundgesetz lädt nicht dazu ein, eigene Positionierungen zu vermeiden – in diesem Sinn ist es nicht neutral. Es schaut nicht gleichgültig auf unterschiedliche Werte und sagt: »Naja, es ist halt Auslegungssache und ein bisschen Recht hat bestimmt jeder und ganz bestimmt sogar habe ICH nicht das Recht darüber zu entscheiden, wer nun Recht hat. Außerdem ist das ja überhaupt nicht meine Aufgabe.« Unser Grundgesetz verpflichtet uns – jeden –, zu den Grundwerten unseres Zusammenlebens zu stehen. Es ist nicht neutral, es ist parteiisch. Viele schlimme Dinge sind in Deutschland geschehen, weswegen am Beginn des Grundgesetzes steht: »Die Würde des Menschen ist unantastbar.« Unsere Freiheits- und Gleichheitsrechte erhalten sich nicht von allein. Sie müssen mit Leben gefüllt werden. Und dabei hilft keine Unentschlossenheit und Mutlosigkeit getarnt als »Neutralität«. Auch bedeutet die Aufgabe dieser keineswegs das Ende der parteipolitischen Neutralität, die in unserem System ein wichtiges Gut ist. Was ich mir wünsche ist eine loyale Haltung zu unseren Grundwerten. Die Courage, diese durch eigenes Handeln Wirklichkeit werden zu lassen. Demokratiefeinden unmissverständlich ihre Grenzen aufzuzeigen. Das ist weder einfach, noch ist es immer angenehm, aber es ist der Weg, mit dem wir auf lange Sicht gegen Populisten gewinnen.

Nicht immer war ich in allen Momenten der Mensch, der ich mir gewünscht hätte zu sein. Nicht immer war ich mutig genug. Ich weiß wie schwer es ist, etwas zu sagen von dem man glaubt, dass dafür nicht nur Applaus gespendet werden wird. Es ist viel angenehmer nichts zu sagen. Nicht aufzufallen und nicht den Unmut auf sich zu ziehen, der zu ernsthaften Konsequenzen führen kann. Das Gefühl, dass man für andere Menschen ein Quengler ist, der es nicht gut sein lassen kann oder der nur etwas sagt, weil er sich wichtigmachen will, ist keines, mit dem man gern zu Bett geht und erst recht keines, mit dem man gern aufwacht. Zu erkennen, wann man seine Stimme erheben muss und wann man sich in Geduld üben sollte, ist eine meiner größten Herausforderungen.

Ich weiß nicht, wohin mich mein Weg führt. Ob ich in Dresden bleibe, in der Stadt und bei den Menschen, die für mich Heimat geworden sind. Oder ob es mich neugierig in die Welt zieht. Ob die turbulenten letzten sechs Jahre schon das spannendste Kapitel meines Lebens waren oder ob das wirkliche Abenteuer erst noch kommt, ist ungewiss. Was ich weiß ist, dass ich dieser Stadt und noch mehr den vielen großartigen Menschen sehr dankbar bin, die mich mitgeformt haben. Was ich auch weiß ist, welche Rolle ich innerhalb unserer Gesellschaft wahrnehmen, wie ich mich selbst gern sehen möchte: als ein Unterstützer unserer Demokratie. Manche Dinge sind zu wichtig, als sie dem Zufall zu überlassen.

Ich glaube an die Wehrhaftigkeit unserer Gesetze gegenüber den Feinden unserer offenen Gesellschaft und an das Fortbestehen unseres demokratischen Gemeinwesens. Es fühlt sich gut an, wenn man Teil von etwas sein kann, das über das eigene Selbst hinausgeht. Und wenn Sie, lieber Leser, der bis zu diesen Zeilen tapfer durchgehalten hat, dieses Gefühl noch nicht kennen, fühlen Sie sich herzlich eingeladen. Denn anders, als von einigen Seiten behauptet, ist dieses Boot keineswegs voll.

---

### ERIC HATTKE

Eric Hattke ist Vorsitzender des gemeinnützigen Vereins Atticus e. V., Moderator und Student der Philosophie und Geschichte. Eric Hattke wurde ab 2014 als Sprecher des Netzwerkes »Dresden für Alle« in Dresden und Sachsen bekannt. Neben der Organisation von zahlreichen Projekten für Weltoffenheit, gegenseitigen Respekt und Integration war er in zahlreichen Gremien der Technischen Universität, wie dem Studentenrat und dem Senat, ehrenamtlich aktiv. Zusammen mit Gleichgesinnten gründete Hattke im Mai 2016 den gemeinnützigen Verein Atticus, mit dem Ziel der Förderung des gesellschaftlichen Zusammenhaltes. Diesem steht er bis heute als Vorsitzender vor. Neben einer Vielzahl von Kooperations- und Gemeinschaftsprojekten organisiert der Verein das Debattenformat »TACHELES« und die Literaturabende »Lesen verbindet – Menschen und ihre Bücher«.

**DIE ELBE FLUSSABWÄRTS**

Text ╳ **Volker Zack**

# DIE ELBE FLUSSABWÄRTS

oder was Hamburg und Dresden verbindend verbindet und entscheidend unterscheidet

Man muss bleiben, wo man ist. Oder wie man ist. Letztlich hat man eh keine Chance, sich dem zu entziehen. Es bleibt eine ewige Flucht.

Ich setze mich gern an den Anleger an der Fischauktionshalle und denke nach. Darüber, wo ich steh' im Leben. Eigentlich mehr darüber, wie es mir geht, seit ich in Hamburg bin. Was ich wollte, was ich will, und warum. Hier sitze ich nun. Hamburg St. Pauli.

Der Stadtteil Hamburgs, der es mir angetan hatte, als ich 1992 Hamburg zum ersten Mal besuchte. Das war was. Meine Herren. Hamburg St. Pauli, das Tor zur Welt. Der Hafen. Die Kneipen. Die Menschen aus aller Herren Länder. Da wollte ich sein.

Ich wollte sowieso weg aus Dresden. Wir hatten den Staat gestürzt, zwei Jahre gefeiert und nun stand uns die Welt offen, wir mussten los. Ich entschloss mich, Hippie zu werden, in Portugal. Das klang cool.

Ich hatte genug von der Zivilisation. Meine Güte, was war ich dem müde. Staaten stürzen und neu aufbauen, ziemlich stressig. Ich hatte einiges erlebt. Fünf Verhaftungen durch die Stasi, die erste mit 13. Als sie in China auf dem Platz des Himmlischen Friedens die protestierenden Studenten mit Panzern überrollten, trommelten wir in der Kreuzkirche als Zeichen unseres Widerwillens. Danach Verhaftung durch das Ministerium für Staatssicherheit. Den 40. Geburtstag der DDR verbrachte ich komplett im Gefängnis. Das sogenannte »Gelbe Elend« in Bautzen war einer der härtesten Knäste im Osten. Da wütete das Schweinesystem noch mal auf großer Fahrt. Sie schlugen uns und quälten uns. Wer nicht spurte, kam zur Sonderbehandlung in den Keller. Wer um etwas zum Trinken bat, bekam kochend heißes Wasser, gefolgt von höhnischem Lachen und Schlägen. Es wurde das Gerücht verbreitet, das wir alle wegen des angewendeten Kriegsrechts für fünf Jahre ins Gefängnis kommen. Sie wollten uns brechen, aber sie konnten machen, was sie wollten, gewonnen haben wir und damit war die Sache erledigt.

Also ab in die Berge in Portugal und die Füße hoch. Sollten sich doch die Anderen abrackern und schuften, damit sie sich etwas leisten konnten. Ich brauchte nichts. Ich kaufte mir einen Mercedes, den sogenannten Strich-Achter, den ich in Portugal zu verkaufen plante, um gewisse finanzielle Mittel als Startkapital für meine neue Zukunft zu haben. In Coimbra traf ich einen Deutschen, der mich zu einer deutschen Hippiekommune bringen sollte. Dort eingetroffen, musste ich feststellen, dass einiges so war, wie ich es nicht erwartet hatte. Der Boss vom Ganzen saß auf einer Art Thron und wurde auch so behandelt. Man brachte ihm, was er wollte, auch den gedrehten Joint. Alsbald berichtete er vom Streit um einen Baum an der Besitzgrenze zu den Holländern. Ich glaubte, nicht recht zu hören. Der Verzicht auf Klopapier erschien mir erklärbar, aber die Erklärung, ich müsste jeden Tag um fünf Uhr – also: früh um fünf – und jeden Tag mit den Schafen raus, ließ mich dieses Unterfangen doch nun wirklich ernsthaft in Frage zu stellen. Ich wollte weg aus Dresden, um archaischen Strukturen zu entgehen, ebenso wie spießbürgerlichen Verhaltensweisen und vor allem wollte ich nicht jeden Tag früh um fünf zur Arbeit müssen. Ich reise ab, um mir alles noch mal zu überlegen. Ich war 21 Jahre alt und irgendwie hatte ich da so ein Gefühl, dass auf mich noch etwas anderes warten könnte, als dieser verkackte Spießerhaufen im Mantel eines friedvollen Hippieseins. Früh um fünf mit den Schafen raus, ich glaub' ich spinne, dachte ich und fuhr nach Hause, nach Dresden.

Ich liebte Dresden. Es ist meine Heimat. Es war 1992 und ich hatte das Gefühl, dass diese Stadt nun noch eine Weile brauchen würde, und als ich Hamburg besuchte, ich hatte zu meiner Freude in Portugal einen sehr netten Hamburger kennen gelernt, war mir klar, da wollte ich hin.

Er hatte mir einen Brief geschrieben, in dem er über unsere gemeinsame Musikzukunft philosophierte. Ja, wir wollten eine Band gründen und ja, ich wollte wegen der Musik nach Hamburg. Ich hatte in Dresden schon ein zwei, drei Bands gehabt. Legendär natürlich die Band »Fehlschicht«, mit der ich mit dem Song »Generalstreik« die DDR gestürzt hatte. Man kann guten Gewissens sagen, ich hatte mein Soll erfüllt. Ich konnte gehen. Ich zweifelte schlicht daran, ob ich meine Zukunft auf den Trümmern meiner Zerstörung bauen wollte. Wobei Zerstörung und Dresden in einem Satz zu nennen natürlich immer eine besondere Situation erzeugt. Aber auch Hamburg wurde im Zweiten Weltkrieg weitgehend zerstört. Und Hamburg liegt auch an der Elbe. Und in Hamburg sprechen sie Deutsch und es wird dort wunderbare deutschsprachige Musik gemacht. Mein Kumpel Klaus spielte bei »Kolossale Jugend«. Sein Kumpel Pascal auch. Der wiederum hatte das Plattenlabel »L'age d'or« mitgegründet. Das Label der Hamburger Schule, die mit »Die Sterne« und »Tocotronic« Weltruhm erlangte.

Und da kommen wir zum Punkt. Ich hatte nämlich nachgedacht. Ich saß viele Nächte in der Dresdner Neustadt allein mit einem Kasten Bier vor dem Fernseher. Meine Lieblingsserie war zu dieser Zeit der ARD-Schmachtfetzen »Marienhof«. Da konnte man mal sehen, was wir im Tal der Ahnungslosen so alles dachten, vermisst zu haben. Nachdem der äußerst klug und raffiniert ausgeklügelte Plan Hippie zu werden geplatzt war, brauchte ich ein neues Ziel. Ich griff da auf Altbewährtes zurück. Berühmt werden. Erst als Musiker und dann als Schauspieler. Das war der Plan, schon immer. Da kam mir die neue Hamburg-Connection dann doch sehr gelegen. Und das war 1993 auch für mich der entscheidende Unterschied. Mit dem Label »L'age d'or«, dem eigenen Studio, den Strukturen, den schon erfolgreichen Bands (unter anderem »Ostzonensuppenwürfelmachenkrebs«) war Hamburg weit vorn. Da hatten ein paar Mädels und Jungs die Freiheit gut genutzt. Während im Osten die Bands sich mit Amiga und Einstufungen rumschlagen mussten, konnte die Freiheit einiges an Kreativität freilegen, aus dem Sumpf von Rock'n Roll und NDW und ein bisschen Frieden und der Schuld der Altnazis, nicht aufgearbeiteten Schuldgefühlen und nordamerikanischem Einfluss auf die Ernährungsweise, RAF-Begeisterung und unter Drogeneinfluss entstandenem Hippiekram.

Das war der Aufbruch pur. Die Musik, die Texte, die Freiheit zu tun und zu lassen. Der neue Schlag Mensch, aus allen Schubladen entkrochen. Eigenes Plattenlabel, eigenes Studio, fuck you Amiga, fuck you Staat, niemand anderes bestimmt hier über uns. Angefangen hatte alles mit selbst organisierten Konzerten. Ich war gerade angekommen in Hamburg, hörte in der Küche der Wohnung in der Budapester Straße vom neuen Scheiß, »Die Sterne«. Ab zum Konzert. Ich musste alle Gewohnheiten über Bord werfen. Tanzbar, deutsch, fresh. Ich zog mir alle rein.

Das war natürlich alles hoch interessant. Es war eine Aufbruchsstimmung, eine künstlerische. Geprägt von Selbstbestimmung und Erneuerung. Das kam mir irgendwie bekannt vor. Ich kam nur gerade aus einer genau solchen Situation. Das also, das verband Dresden mit Hamburg. Das war die Parallele. Zumindest zu dieser Zeit. Und das intensiv. Die ganze Elbe entlang Veränderung. Und das sagt man Städten wie Hamburg, Berlin und New York ja immer nach. Die Städte, die nie schlafen, dort wo immer etwas los ist. Die Lichter, die nie ausgehen, weil sie immer leuchten. Da wo immer Veränderung die Stadt verändert. Da ist immer etwas los. Und das habe ich 500 Kilometer entfernt, die Elbe flussabwärts, immer so empfunden. Dass in Dresden immer etwas los ist, vielleicht nicht die Stad, die nie schläft, oder vielleicht doch? Dresden ist ja nicht klein, eher groß im Verhältnis, also konkret die zwölftgrößte Stadt Deutschlands, hat aber für mich mit all dem barocken Schnickschnack die Tendenz zur Möglichkeit eine verschlafene Kleinstadt zu imitieren. Vielleicht besonders, wenn man in das Tal hinabrutscht, sich einschließen lässt. Es ist so schwer, über den Tellerrand zu gucken, wenn der Teller tief ist. Da sieht man nichts. Und wenn dann noch Suppe drin ist, Kartoffelsuppe zum Beispiel. Aber zurück zum Thema. Hinten Sandstein und vorne Porzellan verleiten, nur den Staub des Zerbrochenen zu sehen. Natürlich ist es beeindruckend zu sehen und das diesmal aus der Ferne, was eine Brücke alles anrichten kann. Wie viel eine Brücke entzweien kann. Obwohl es ja eigentlich der gewünschte Übergang über die Elbe war. Aber um sich völlig zu verlieren, trennt der Fluss die Stadt, die Städte? Was macht dieser Fluss mit Dresden oder Hamburg? Hat darüber mal jemand nachgedacht. Und kann ein und derselbe Fluss mehrere Städte trennen. Was ist mit Donau, Oder und Mosel?

Im Tal selber wirkt der spießbürgerliche Spießbürger selbstverständlich sehr spießbürgerlich. Und der Dresdner Spießbürger ist in der Weltrangliste der spießbürgerlichen Spießbürger sicherlich weit vorne. Sehr weit. Er neigt zur Übertreibung. Meine Freundin, die aus Norddeutschland stammt, fuhr bei ihrer ersten Fahrradtour in Dresden den Elberadweg entlang. Um sich zu orientieren, hielt sie kurz an. Ein Dresdner Rentner radelte des Weges und brüllte von Weitem schon: »Geh ausm Weg du Dummie« im tiefsten Sächsisch. Ich sagte: »So sind se, die Dresdner.«, auch im tiefsten Sächsisch, um die Situation etwas abzumildern. So beschleicht einen schnell das Gefühl, dass jene Menschen die Macht über unser Sein besitzen. Grundsätzlich ist diese irrtümliche Annahme eine Ursache für vieles. Nach, sagen wir mal, drei oder vier Begegnungen dieser Art ist man relativ verwirrt. Gipfel der Verblödung ist sicherlich die Bewegung namens »PEGIDA.« Und jetzt noch mal ganz langsam: »Patriotische Europäer gegen die Islamisierung des Abendlandes«. Ich habe lange und viel darüber nachgedacht und bin zu der Erkenntnis gekommen, dass so ein Schwachsinn, allein der Name lässt einen wünschen die ewige Verdammnis wäre ein in jedem Fall eintretendes Ereignis, nur in Dresden entstehen kann. Ich verweise hier deutlich auf die erwähnte Theorie, dass in Dresden immer etwas passiert. Es ist vielleicht nicht immer super positiv, aber immerhin. Ich liebe das Dixielandfestival, ein solches Fest ist mir aus keiner anderen Stadt bekannt. Wir in Hamburg haben zum Beispiel den Schlagermove. Da ist die Islamisierung des Abendlandes ein Scheißdreck dagegen.

Zurück zur Brücke. Man weiß ja im Nachhinein meistens nicht mehr, wie lange etwas gedauert hat, aber man erahnt es. Der Brückenstreit hat Dresden gespalten, in schwarz und weiß, in Licht und Schatten, in ja und nein. Man traute sich das Wort »Brücke« auf Familienfeiern nicht mehr auszusprechen. Einer war immer dagegen und einer dafür und dann stritten sie sich vehement. Eine wunderbare Mischung aus Kleingeistigkeit und Engagement für die eigene schöne Stadt führte Dialoge. Dem Dresdner ist nichts egal. Noch nicht mal eine Norddeutsche, die fälschlicherweise auf dem Radweg steht. Allein dadurch entgeht Dresden der verschlafenen Kleinstadt völlig. Wenn mal nichts los ist, entgleist wenigstens die Kleinspurbahn in Radebeul. Irgendetwas passiert immer. Vielleicht ist es im Tal weniger sichtbar. Vielleicht sieht es im Tal so aus, als würde sich der Hund selber in den Schwanz beißen und sich dabei um sich selbst drehen. Das kann ich nicht beurteilen, aber ich habe da so eine Ahnung. Aber allein durch die Erfindungen, die die Welt veränderten, zeigt sich die Bedeutung Dresdens. Ich brauche sie nun wirklich nicht mehr alle aufzählen, werde es aber doch tun. Na gut nicht alle, aber wir reden von der Filtertüte, dem Büstenhalter, dem Bierdeckel, dem Teebeutel und nicht zuletzt dem Lodenmantel. Ich liebe Loden. Mein Vater hatte einen grünen Lodenmantel, den ich im Schrank entdeckte und sehr gerne getragen habe. Und vor wenigen Jahren habe ich eine kleine deutsche Firma entdeckt, welche moderne sportliche Lodenjacken herstellt. Ich trage sie ausgesprochen gern und habe mit dieser Jacke Finnland auf Langlaufskier durchquert. Nun ja richtig, ich versuche abzulenken. Es war in keinster Weise meine Absicht, eine Lobeshymne auf Dresden zu schreiben. Es passiert, was passieren muss. Ganz anders die Hamburger. Die lobeshymnen sich durch den ganzen Tag. Ein nicht ganz unbedeutender Radiosender spricht den ganzen Tag von der schönsten Stadt der Welt. Das Tor zur Welt. Wir Hamburger sind in der Bedeutung sehr bedeutend. Was natürlich auch wirklich stimmt. Wir haben die Randale beim G20 Gipfel, während sich in der Dresdner Neustadt nur ein paar Leute schubsen. Ulf Kirsten ist ein Held, besonders meiner Jugend, aber wir haben Uwe Seeler und Helmut Schmidt. Dieter Bohlen wohnt hier ganz in der Nähe. Und jetzt mal ganz ehrlich, wenn man die beiden Häfen vergleicht. Pieschen und St. Pauli. Die Kähne aus Tschechien fahren am Pieschener Hafen vorbei, ohne ihn zu bemerken, wenn sie aber in Hamburg ankommen, bemerkt sie niemand, weil sie so klein sind. Da sind ja fast die Barkassen größer, auf denen man die Hafenrundfahrt genießen kann. Es ist dieselbe Elbe. Aber in Hamburg ist sie besser, größer, schneller, weiter. Sie teilt sich sogar mal kurz in Norderelbe und Süderelbe. Nur weil sie es kann. Und dann fließt sie wieder zusammen, zusammen in die Nordsee. Und dort hat Hamburg sogar eine Insel, Neuwerk. Come on, ne Insel in der Nordsee. Verstehen Sie? Spaß muss man haben, das ist wichtig. Karl Valentin hat mal gesagt: »Heute ist die gute, alte Zeit von morgen.« Und das haben die Hamburger ganz gut kapiert. Da geht man schon mal raus, wenn die Sonne scheint und trinkt eine gute Tasse Kaffee. Man flaniert an der Alster. Man liebt sich und seine Stadt. Hans Albers hat mal gesagt: »Heimat ist da, wo einer stirbt, nicht da, wo einer lebt.« Klingt irgendwie sinnlos. Egal.

Ziemlich entscheidend in der nahen Vergangenheit war in meinen Augen ein besonderer Punkt bei der Flut 2002 in Dresden. 13 Jahre nach der Wende zerstörte das Wasser vieles in Dresden, Straßen, Häuser, den Mut vieler. Aber aus dieser Mutlosigkeit entstand etwas Besonderes. Aus der vorher vorherrschenden raupenhaften Stimmung, wir sind die Abgehängten, die Verlierer der Wende, entflatterte nun der Schmetterling des erneuten Aufbruchs. Wir haben so etwas Schönes und werden es retten und erhalten und lieben. Helfer aus aller Herren Länder, auch aus Hamburg, kamen, um zu helfen. Dies gipfelte mit dem Festakt 2005 zur Wiedereinweihung der Frauenkirche.

Ich bin einmal mit meinen Brüdern Martin und Klaus den Elberadweg von Hamburg nach Dresden gefahren, um in meiner Seele die beiden Städte zu verbinden. Es war eine Pilgerreise, sehr meditativ.

Ich bin gern in beiden Städten. Ich habe in beiden Städten Bands. Ich spiele in beiden Städten Theater. Ich habe in beiden Städten sehr gute Freunde. Meine geliebte Freundin habe ich am wunderbarem Boulevardtheater Dresden kennen gelernt, dorthin kehre ich jedes Jahr unter anderem in der Rolle des Egon Olsen zurück, einer Filmfigur, die jedes DDR-Kind kannte. Das ist ein schönes Zurückkommen.

Dresden ist meine Heimat, Hamburg mein zuhause. Was Dresden und Hamburg verbindend verbindet und entscheidend unterscheidet? Sie sind Partnerstädte und man bedenke, wie mir mein Vater zu meiner Überraschung zu berichten wusste, das schon seit 1987.

Hamburg ist sehr hanseatisch und Dresden ist sehr dresdnerisch. In Hamburg lebt die alte Hanse noch, wir sind die Größten, wir sind die Besten und dabei noch bescheiden. Wir sind das Tor zur Welt. In Dresden lässt es sich gemütlich einrichten und zurücklehnen, und leidenschaftlich streiten, bei einem schönen Stückchen Eierschecke und ä Schälchn Heeßn.

Ich habe mich für Hamburg entschieden, weil hier der frischere Wind weht. Weil ich mich in diese Stadt verliebt habe. Weil mein Sohn hier geboren ist. Und jetzt sitze ich am Anleger an der Fischauktionshalle und denke nach. Vor mir treibt die Spucke meiner Mutter vorbei. Als ich wegzog, hatten meine Mutter und ich vereinbart, das sie gelegentlich als Gruß in die Elbe spuckt. Ich sagte, ich würde dann an der Elbe sitzen und darauf warten.

## VOLKER ZACK

Volker Zack Michalowski, 31. Januar 1971 in Dresden als Volker Jablinski geboren, strebte schon frühzeitig eine künstlerische Laufbahn an. Dem jungendlichen Drang nach Erneuerung und Veränderung gab er in seinen Bands »Bonbon«, »Duesan Rapid« und »Fehlschicht« reichlich Platz, und mit Letzterer stürzte er mit seinem Song »Generalstreik« das DDR-Regime. Von 1996 bis 2001 studierte er an der Hochschule für bildende Künste Hamburg. Bereits drei Jahre später strahlte der Fernsehsender Sat.1 seine eigene Comedy-Show »Zack – Comedy nach Maß« aus, in der er in fünf Staffeln ca. 1500 Sketche spielte. Er spielte in Dresden an der Comödie und im Boulevardtheater. Im Kino war er der Stasischreibmaschinenexperte in »Das Leben der Anderen«, der Soldat Edgar Wallace in Tarantinos »Inglourious Basterds« sowie der Frisör Hoppe in »König Ludwig II«. In »Grand Budapest Hotel« spielte er unter der Regie von Wes Anderson an der Seite von Ralph Fiennes, Harvey Keitel und Edward Norton den Gefängnisinsassen Günther. Der Höhepunkt seines Lebens war, laut Michalowskis Aussage, der Besuch einer Rauchsauna im Finnischen Lappland. »Das werde ich nie vergessen, nackte Finnen in Finnland, unglaublich!«

**STATE OF THE ART** ODER **KUNSTKRÄNZCHEN**

Text × Julia Christian

# STATE OF THE ART ODER KUNSTKRÄNZCHEN

Nur eine Autostunde, doch beim Thema zeitgenössische Kunst Galaxien voneinander entfernt: Leipzig vs. Dresden. Statt zum Duell kommt Oskar Rink zum Kaffeeplausch in drei spannende Dresdner Ateliers.

**1. Oskar Rink & Manaf Halbouni**

Es herrscht eine fast ländliche Ruhe auf dem Areal des Alten Leipziger Bahnhofs, um das seit Jahren ein Nutzungswettbewerb zwischen Stadt und Investor tobt, wie man das weitläufige Gelände des ehemaligen Fernbahnhofs möglichst sinnvoll nutzen könne. Aktuell bietet es Künstlern Raum, nicht nur groß zu denken, sondern ebenso zu arbeiten. Perfekte Bedingungen für den 36-jährigen Manaf Halbouni, der mit seinen monumentalen Skulpturen, wie den drei Bussen, die er 2017 vor der Frauenkirche in den Himmel ragen ließ und die an improvisierte Barrikaden aus dem syrischen Bürgerkrieg erinnern sollten, die Stadt in Aufruhr versetzte. An diesem Morgen empfängt mich Halbouni im Innenhof in der Sonne, wo über dem Campingkocher der Duft frischen Kaffees hängt ...

    Oskar Rink: Wow. Wenn ich mich hier so umschaue, verstehe ich, woher der Platz für deine großformatigen Arbeiten stammt, wie die ausgestellten Autodächer mit allem Hab und Gut obendrauf. Eine Arbeit, die mich grundsätzlich berührt hat aber natürlich auch als altes DDR-Kind, das diesen Zustand des Verreisens ja als normal kennengelernt hat.

    Manaf Halbouni: Das Gelände ist tatsächlich riesig. Das war der Alte Leipziger Bahnhof mit einiger Geschichte: Erster Fernbahnhof Deutschlands, im Dritten Reich wurde von hier deportiert und zu DDR-Zeiten war das Gelände ein Militärbahnhof der Russen. Inzwischen tobt hier ein Streit zwischen einem Investor, der das Gelände kommerzialisieren will und der Stadt, die sich glücklicherweise dafür einsetzt, hier Atelier-Fläche zu erhalten und ein Jüdisches und ein Eisenbahn-Museum zu bauen statt einer viele Meter langen Fleischtheke, für die der Investor warb.

    OR: Da merke ich wieder, wie gut wir es mit dem Spinnerei-Gelände in Leipzig haben und damit, dass Leipzig verstanden hat, dass sie investieren muss, um als Kulturstandort attraktiv zu sein.

MH: Doch zurück zu deiner Frage: Platz zum Arbeiten gibt es hier. Aber meine »Fluchtautos« haben irgendwann nicht mehr durch die Türen in Galerien gepasst. Also kam ich auf die Idee, nur noch das abgesägte Dach samt aller Dinge, die man jetzt mitnehmen würde, müsste man heute verschwinden, auszustellen. Flucht als Option an den Betrachter.

OR: Zwei der Autos aus »Nowhere is home« waren ja auch in Leipzig ausgestellt. Geht es da wirklich nur um die Betrachter oder hat die Serie auch mit dir selbst zu tun?

MH: Klar, ich will immer weg. Am besten auch aus Dresden. Seit einem halben Jahr versuche ich nach Berlin zu ziehen. Dresden nervt. In den letzten Jahren war ich deshalb fast nur unterwegs, einen Monat in Kuba, um an der Havanna Biennale teilzunehmen …

OR: Lustig, da komme ich gerade her. Ich musste pandemiebedingt im März früher abreisen. Ich war dort eingeladen, um zu arbeiten und Künstler kennenzulernen. Und um mir einen Eindruck zu verschaffen, ob man nicht irgendwann ein Ausstellungsprojekt dort realisiert.

MH: Hat es dich nicht auch erschreckt, wie homogen die Welt geworden ist? Selbst im sozialistischen Kuba. Wir tragen alle das gleiche, konsumieren die gleichen Produkte. Nur die Sprache ist uns als etwas Einzigartiges noch geblieben.

OR: Waren wir an demselben Ort? Die Leute haben doch gar kein Geld zum Einkaufen. Und ich habe eher beobachtet, dass sich für eine neu im Geschäft angekommene Gemüse-Hexelmaschine Schlangen bildeten. Oder wir eineinhalb

Stunden für Hähnchenkeulen anstanden und immer wieder verstohlen zählten, ob der Vorrat reicht, bis wir an der Reihe sind. Da fühlte ich mich natürlich heimisch. Gewöhnungsbedürftig war für mich die Arbeitsmoral. Und dieses …

MH: Lass mich raten: »Tranquilo!«

OR: Lacht. Genau! Mach mal ruhig. Lass mal eine Zigarre rauchen. Ein Bier oder Rum trinken. Das gab's beides immer.

MH: Du hast Recht, die leeren Supermarktregale haben mich auch eher an Damaskus erinnert, trotzdem hatte ich auch in Kuba das Gefühl, alles wird gleicher. Die Ästhetik definiert in den USA oder Europa, die billigen Materialien dafür kommen aus China und am Ende sieht alles – ob Architektur oder Bar – überall auf der Welt gleich aus.

OR: Vielleicht ähneln wir Menschen uns auch in unseren Bedürfnissen? Das wäre die schönere Deutung. Mit deinen Fluchtautos referierst du doch auf eine Universalität unserer Bedürfnisse?

MH: Das ist mir zu verträumt. Ich sehe, dass alles Regionale in Vergessenheit gerät, seien es Materialien, klimatisch sinnvolle Arten zu bauen. Stattdessen werden wir mit ein und derselben Suppe überflutet.

OR: Du hast es schon angedeutet: Du bist in Damaskus aufgewachsen. Was hat dich bitte nach Dresden verschlagen?

MH: Meine Mutter ist Dresdnerin, mein Vater Syrer, der in den Siebzigern in der DDR promoviert hat. So haben sie sich kennengelernt, mein Bruder wurde noch hier geboren, ich dann schon in Damaskus, wo wir ab 1979 lebten. Ich wollte auch nie weg. Nur um den syrischen Militärdienst zu umgehen, der derart unmenschlich ist, wenn man niemanden besticht oder kennt, wollte ich erstmals von meinem deutschen Pass Gebrauch machen.

OR: Dabei klingst du wie ein Sachse, wenn ich das so sagen darf?

MH: Ich glaube, das ist ohnehin meine Schublade: Komischer Ausländer, der nicht wie ein Ausländer klingt. Meiner Mutter war wichtig, dass wir akzentfrei Deutsch sprechen und ich habe meine Sommerferien bei meinen Großeltern und in dem Bungalow meiner Tante im Spreewald verbracht. Ich sage immer: ich bin ein Nah-Ossi.

OR: Und dieser Nah-Ossi wurde hier mit offenen Armen empfangen?

MH: Die Deutschen sind weniger freundlich, als sie das von sich glauben. Aber zunächst war mir das egal. Ich wollte ohnehin nur ein Jahr bleiben und dann zurück nach Syrien.

OR: Dort hast du auch Kunst studiert?

MH: Bildhauerei, ja. Ich wollte zur Bundeswehr, damit ich in Syrien vom Militärdienst befreit bin und dann schnellstmöglich zurück. Weil das nicht geklappt hat, habe ich mich entschieden, hier noch mal Kunst zu studieren. Das Studium dort war ohnehin wahnsinnig verschult und handwerklich, dagegen war Dresden die absolute Freiheit. Damit konnte ich zunächst gar nichts anfangen. Ich saß da, meditierte und habe gewartet, dass etwas passiert.

OR: Das geht mir heute oft noch so. Die besten Ratschläge, die ich jemals bekam, stammen von meinem Vater (Arno Rink, dem Maler und Wegbereiter der Neuen Leipziger Schule, Anm. d. Redaktion) und von Rosa Loy. Mein Vater sagte: Man hält sich acht Stunden im Atelier auf. Davon schaut man sechs in der

Manaf Halbouni, „Monument"

Gegend herum, zwei arbeitet man. Und als ich mal eine Blockade hatte, riet mir Rosa Loy: Fahr jeden Morgen ins Studio. Und wenn du nur die Bude auskehrst und die Wände neu streichst. Bleib dort, versuche diesen Raum aufzunehmen, irgendwann passiert wieder etwas.

    MH: Ich brauche das deshalb schon, um das Gefühl zu haben, ich bin normal. Ich habe einen Job und gehe jeden Tag auf Arbeit.

    OR: Ich bin überzeugt, dass aus der Ruhe mehr entsteht als in der Auseinandersetzung, deshalb bin ich auch immer noch in Leipzig. Ich kann dort in aller Ruhe arbeiten. Und dennoch ist die Stadt groß genug, um den Diskurs zu suchen, wenn man ihn braucht. Diesbezüglich scheint mir Dresden eher etwas verschnarcht …

    MH: Während des Studiums bedeutet genau das Verschnarchte aber viel Raum, um zu experimentieren. Aber klar, wenn es um Infrastruktur für zeitgenössische Kunst geht, setzt die Kulturpolitik vor allem auf Barockkack. Um Touristen in die Stadt zu holen. Vor dem 2. Weltkrieg hatte Dresden über eine Million Einwohner und war eine große Kulturstadt. Dresden war Tabakhochburg, hatte Industrie für Schokolade und Hygiene und so das Geld für moderne Kunst. Die Stadt war spannender als Berlin. Diesen Status verloren zu haben scheint das große Trauma hier.

    OR: Ich wollte gerade sagen: Eigentlich war Dresden doch mal für seine Moderne bekannt. Es gab mit den ersten Waldorf-Schulen, dem Hellerau-Gelände anthroposophische Bewegungen, es gab Technik-Begeisterung, ist das alles mit dem Dritten Reich verschwunden?

    MH: Es gab definitiv eine Art brain drain durch die Nazis bzw. auch später noch mal als Flucht vor den Russen. Und Dresden war, verglichen mit dieser jahrhundertealten internationalen Handelsstadt Leipzig eine Beamtenstadt. Hier war Wohlstand, hier setzt man sich zur Ruhe. Und mischt sich am besten so gut es geht nicht in andere Sachen ein …

    OR: Und diesen Dresdnern setzt Du einen syrischen Kriegsschutzwall aus drei phallischen Bussen vor Ihre Frauenkirche?

MH: Während das in Berlin vor dem Brandenburger Tor überhaupt kein Problem war, schlug mir hier derart viel Hass entgegen. Das hörte nicht mehr auf. Mit etwas davon hatte ich natürlich gerechnet, aber dass man sich zwei Monate lang aufregt, obwohl man weiß, dass es eine temporäre Installation ist. Einiges daran war sicher Kalkül, um anhaltend Aufmerksamkeit für ihre rechten Themen zu bekommen.

Einen Tag wurde mir vorgeworfen, ich verschandele diese historische Kulisse des Neumarkts, an der ohnehin nichts echt und alles nur rekonstruiert ist. Zwei Tage später hieß es, ich sei ein Terrorist, weil die Busse in Syrien von allen Rebellen je nach aktueller Gefechtslage als Schutzwall benutzt wurden. Und irgendwann auch mal eine IS-Flagge daran wehte. Dabei gehörten die niemandem. Mir ging es ohnehin weniger um den direkten Bezug. Ich wollte einen Schutzwall vor Krieg als eine Art Freiheitssymbol in eine intakte europäische Stadt stellen, eine Erinnerung, dass wir uns heute vor nichts mehr schützen müssen. An einem Ort, an dem es vor gar nicht allzu langer Zeit anders aussah. Und so wie ich auch zu Anfang auf PEGIDA-Demos gegangen bin, weil ich glaube, wir müssen mit Rechten reden, war ich auch bei »Monument« einen Monat lang jeden Tag vor Ort, um mich dem Gespräch zu stellen. Je kleiner die Gruppe, desto schneller ging das Empörungslevel runter.

OR: Täuscht es oder soll auch deine aktuelle »Fragments«-Serie, diese wie zerstörte Kulturstätten aussehende Kirchenfenster, wach rütteln?

MH: Ich bekam diese alten Kirchenfenster und mir fiel der PEGIDA-Slogan der »bedrohten christlichen abendländischen Werte« ein und ich fragte mich: Was ist von diesen Werten denn bitte noch übrig? Ständig wird von europäischen Werten gesprochen, dabei sind wir doch alle nur noch Kapitalisten.

OR: Wir Künstler sind allerdings Teil des Apparats …

MH: Mir persönlich geht es weniger ums Verkaufen als um Sichtbarkeit. Die wiederum finanziert neue Projekte. Das funktioniert in Dresden nur bis zu einem gewissen Punkt. Es ist schwer, Kuratoren hierher einzuladen. Und in einer internationalen Stadt wie Berlin ist es einfacher, Faszination zu entfachen. Und darum geht es mir: Ich möchte Menschen erreichen. In dem ich ihnen zeige, dass man auf alles auch aus einer anderen Perspektive schauen kann.


## 2. Oskar Rink & Suntje Sagerer

So ein Atelier im Hinterhof kann eine kühlende Angelegenheit sein. Für Körper und Geist. Schließlich kann einen die Neustadt vor der Tür aus dem Schaffenstakt bringen, besonders wenn man, wie die 37-jährige Suntje Sagerer, gleich drei Rollen – Künstlerin, Galeristin und Mutter – unter einen Hut bringen muss. Statt Kaffee gibt es Apfelschorle und einen Blick hinter die Miniaturkulissen ihrer Galerie im Puppenhaus-Format.

Oskar Rink: Suntje, Du widerlegst alles, was ich über Dresden dachte. Für mich ist die Kunstszene hier eher angestaubt, dann entdecke ich deine »Minimal Art Gallery« und werde eines Besseren belehrt.

Suntje Sagerer: Die zeitgenössische Kunstszene ist schon groß. Warum auch nicht, es gibt ja eine Kunsthochschule. Und auch Fördermittel gibt es. Allerdings keine Fläche, um junge Kunst auszustellen. Das Albertinum besitzt nicht einen

Raum für Zeitgenössisches aus der Region. Dafür muss man Marlene Dumas oder Gerhard Richter heißen. Übrig bleiben off spaces, so dezentral und im Hinterhof, die findet niemand. Orte wie der Zwinger oder die Gemäldegalerie werden mit Millionen gefördert, weil Rentner in Scharen ihr Geld dort lassen, die junge Kunst wird meiner Meinung nach unterdrückt. Nicht falsch verstehen: ich finde auch Altmeisterliches schön, aber Gelder müssten gerecht verteilt werden. Wie empfindest du das denn in Leipzig?

OR: Leipzig hat als Messestadt und weil es diese lange Ausbildungstradition in Musik, Literatur und Kunst gibt, natürlich eine andere Geschichte. Japaner möchten Barock sehen, haben wir nicht. Stattdessen hatten wir in der Kunst mit der Leipziger Schule ein Label mit internationaler Strahlkraft. Und dann scheint man verstanden zu haben, dass bezahlbarer Arbeitsraum wie in der Spinnerei oder dem Westwerk essentiell ist.

SuS: Genau der wird hier nicht gefördert. Ich mache hier meine Kunst und plane und organisiere die MAG auf 15 Quadratmetern. Die Stadt hatte mit dem Kraftwerk Mitte mal subventioniertes Gelände geplant, fünf Euro sollte der Quadratmeter kosten, geworden sind es 20. Wer kann sich das leisten?

OR: Wir treffen später noch Eric Keller in seinem Atelier im Zentralwerk. Ähnelt das nicht der Spinnerei?

SuS: Im Zentralwerk mussten die Macher erst mal in Vorleistung gehen und entstanden ist die Idee rein privat. Auch wenn die Stadt die Initiative schließlich doch noch unterstützt hat. Dort liegt der Quadratmeterpreis inzwischen auch bei

sieben Euro. Was die Kunstszene braucht, wären subventionierte Flächen für drei Euro. Und einen White Cube, gut sichtbar, mitten in die Stadt. Als Ausstellungsfläche für Kunst aus der Region und von mir aus auch international. Aber daran führt kein Weg vorbei. Sonst: Tschüss Dresden!

OR: Immerhin bietet deine MAG genau das – wenn auch im Miniaturformat. Wie genau ist dieses Projekt entstanden?

SuS: Durch den Zufallsfund eines Puppenhauses auf dem Dachboden meiner Eltern. Ich war gerade Mutter geworden, und mich auf Malerei zu konzentrieren, fand ich in der Elternzeit extrem anstrengend. Also habe ich Installationen in diesem Puppenhaus gemacht, sie fotografiert und ausgestellt. Und dann festgestellt, wie niedrigschwellig Puppenhäuser sind, und wie integrativ. Egal ob Omis oder Kinder, durch den Wiedererkennungswert wird das Interesse geweckt, selbst bei denen, die mit der Kunstwelt sonst nichts zu tun haben. Man kommt ins Gespräch und kann ganz allmählich zur Kunst überleiten.

OR: Und wie wurde dann eine Galerie daraus?

SuS: 2014 dachte ich mir, wenn das hier alles so eingeschlafen und zäh ist, mach ich meine eigene Galerie! Ich habe Kollegen kontaktiert und gefragt, ob sie Lust hätten, Arbeiten im Kleinformat zu erstellen, oder kleinformatige, die es schon gibt, in den Puppenhäusern zu installieren. So entstand die erste MAG. Mit Floor Plänen zu Künstler, Werk, Entstehungsjahr, wie in einer Galerie nur eben mit Platz für 18 Künstler. Auf zwei Quadratmetern. Und so flexibel, dass sie 2016 nach Indonesien fliegen konnte, wo ich in drei Häusern 25 asiatische und 25 deutsche Künstler ausgestellt habe.

OR: Das Ganze funktioniert im Prinzip selbst wieder wie ein Kunstwerk beziehungsweise eine Skulptur ist. Monetarisiert sich das denn?

SuS: Das ist nicht einfach. Man müsste die Arbeiten entweder aus der MAG heraus verkaufen, oder bräuchte eine Art Mäzen, der es als Ganzes kauft, so dass ich die Künstler bezahlen kann und den Galerie-Anteil bekomme. Es gibt Ideen, aber Stand heute: Es geht noch nicht, weshalb ich nach der größeren Show in Salzburg 2018 erst mal aufgehört habe. Ob kleine oder große Galerie, die Arbeit bleibt dieselbe – die Kommunikation mit bis zu vierzig Künstlern, die Installation, den Katalog erstellen, Reisen. In einer Galerie machen das mindestens drei Leute, ich bin ganz allein. Und um mich über Wasser zu halten, muss ich Nebenjobs annehmen, das brennt auf Dauer aus. Deshalb wollte ich erst mal wieder Kunst machen.

OR: Einmal Wunschkonzert spielen und Kollegen, die man spannend findet, zu einem Projekt einzuladen klingt super. Aber aus deiner Perspektive als Künstlerin ist es sehr zurückgenommen, fast fürsorglich. Fällt dir das leicht?

SuS: Ich veranstalte kein Wunschkonzert, ich bediene mich anderer, um meine eigene Kunst zu entwerfen. Eigentlich eine ziemlich freche Arbeit, aber das Coole ist, dass beide Seiten profitieren. Andere Künstler stellen durch mich im In- und Ausland aus, ich habe eine geile Skulptur entworfen. Deshalb zurück zu deiner Frage: Fürsorglich? Nein! Ich bin keine Wohlfahrts- oder Wunschkonzert-Veranstalterin. Ich bin durch und durch Künstlerin, mit einer Portion Ehrgeiz. Anders hätte ich es aus dem Erzgebirge nicht herausgeschafft. Als eines von vier Kindern zur Nachwendezeit aufzuwachsen und dort auf einer Schule zu landen, wo kreatives Potential durch eher unkultivierte Mitschüler blockiert statt beflügelt wird, da muss man sich rausstrampeln! Mit dem Kunst-Studium in Dresden begann dann mein zweites Leben. Daher kommt vielleicht auch der Antrieb, die Kunst anderer sichtbar zu machen. Und vielleicht sind meine Arbeiten deshalb oft persönlich. Aktuell scheint in der Kunst vieles ja eher kühl und nichtssagend …

OR: Da würde ich widersprechen. Kunst ist doch immer persönlich, denn man muss die eigene Perspektive ja wichtig genug nehmen, um sie zum Maßstab im Prozess zu machen. Aber auch konkret: in meinen Arbeiten mag der eine nur unpersönliche Kästen sehen. In Wahrheit stellt aber jedes Bild Momente meines Lebens dar. Man sieht Räume, die ich, wenn auch nur in mir, betreten habe und meine gesamte Kunst ist ein randvolles Tagebuch. Versteht das jemand, dekodiert es? Das ist mir völlig egal. Die schönsten Momente habe ich, wenn ich da hindurchgehe, das erlebe. Das macht mich glücklich. Und wenn das dann noch jemand mag, kauft und damit den nächsten dieser Schöpfungsprozesse finanziert: umso besser!

SuS: Ich brauche schon auch Erfolg, der gehört für mich zum Leben, um mich angenommen zu fühlen. Aber du hast natürlich Recht, während man malt und wenn man merkt, da passiert jetzt wirklich was, dann ist das ja wie eine Art Schöpfungskraft …

OR: Die ist Wahnsinn. Wie eine Art Geschenk, das man sich selbst macht …

SuS: Hast du jemals die Erfahrung gemacht, es als Frau schwerer im Kunstbetrieb zu haben? Mir kommt es vor, als würden Männer Männer fördern. Und auch weibliche Mäzenen fördern eher männliche Künstler. Die guten Beziehungen dafür werden in Bars gepflegt.

OR: Ich bin bei diesem Thema zwiegespalten. Ich habe tolle Förderinnen und Kuratorinnen kennengelernt, die nach guten Arbeiten gesucht haben, egal von wem. Dann wieder beschweren sich Kolleginnen, dass sie von den bösen männlichen Galeristen nicht unterstützt werden, während ich auch schon die Erfahrung machen musste, von Galeristinnen links liegen gelassen worden zu sein, weil ich vielleicht zu präsent bin oder es eine Art Stutenbissigkeit gibt. Ich habe die Erfahrung gemacht, dass Sammler sich auf Abendessen wahnsinnig für meine Arbeit interessierten und je weiter die Kaufverhandlung rückte, desto klarer wurde, der interessiert sich einen Scheiß für die Werke sondern eher für mich. Und dann wiederum höre ich von befreundeten Galeristen, wie mühselig es manchmal auch sein kann, wenn Künstlerinnen zu schüchtern sind, um ihre Kunst zu präsentieren.

SuS: Aber Frauen werden ja gesellschaftlich von klein auf eingeschüchtert. Ich will das nicht entschuldigen, ich glaube, wenn man mit sich im Reinen ist, sich selbstbewusst präsentiert, kann man weit kommen. Und man darf auch nicht böse auf die eine oder andere Seite sein, wir alle werden so geprägt. Und als Frau lernt man nun mal: Sei leise, sei dezent!

OR: Ich habe laute Eltern und mein Vater hat immer zu mir gesagt: Zeig was du hast! Mach was du kannst! Tritt allen auf die Füße! Aber mir ist natürlich bewusst, wie besonders diese Situation ist.

SuS: Aber wahrscheinlich ist es ja auch ein Stempel, die Tochter von ... zu sein?

OR: Früher stand das in jedem Begleittext. Das nervte. Irgendwann bat ich die Galerien, es zumindest aus den Ausstellungstexten herauszulassen. Aber das ist natürlich auch ein Privileg. Bei uns wurde nur über Kunst geredet. Mein Vater hat mir Zeichnen und Malen beigebracht, Formenlehre, Farben mischen. Und obwohl meine Mutter Kunstwissenschaftlerin ist und mein Vater Maler, sollte ich nichts damit machen, denn »Kunst ist brotlos!« Und als Frau gleich doppelt schwer. Mit viel Reibung und auf Umwegen – der Rauswurf vom katholischen Mädcheninternat, ein geschmissenes Abitur, ein Diplom in Modeschnitt und französischer Drapage – bin ich am Ende nun doch dort gelandet. Denn gerade beim Schnittmachen merkte ich, wie sehr ich diese Kombination aus Hand und Geist brauche. Wahrscheinlich muss man sich seine Stempel einfach wegarbeiten. Ähnlich wie du dir den des Mutterseins, oder? Immerhin vertreten selbst Frauen wie Marina Abramović die abstruse Ansicht, Mütter könnten keine gute Künstlerinnen sein ...

SuS: Dabei steckt doch so viel Bewusstseinserweiterung darin, zu erleben, was es bedeutet, die absolute Verantwortung für einen anderen Menschen zu haben, das hat ein enormes Potential.

**3. Oskar Rink & Eric Keller**

Beinahe unterm Dach des Zentralwerks arbeitet der 35-jährige Eric Keller. Von hier kann man bis zum Alten Schlachthof gucken und hat das gesamte, im Sommer von seinen Bewohnern liebevoll bepflanzte Kunstquartier der ehemaligen Rüstungsfabrik Goehle-Werke im Blick, auch wenn der in Grimma geborene Maler nicht nur Sonne und Tauben sondern gleich die Welt mit Tüchern vor den Fenstern aussperrt. So versenkt man sich am besten, auf der Suche nach Orten, die er uns anbietet, um selbst innezuhalten und dieser Bild gewordenen Ruhe beim Sein zuzuschauen.

Oskar Rink: »Also ich möchte nicht oberlehrerhaft klingen, aber hier muss das Fenster auf!«

Eric Keller: »Das ist auf. Nur der untere Teil nicht wegen der Tauben. Du malst doch selbst mit Öl. Stört dich der Geruch? Ich rieche den nicht mehr. Und kann mir auch andere Farben gar nicht vorstellen...«

OR: »Das verstehe ich sofort. So sanft und weich wie deine Bilder sind. Aber Du brauchst Durchzug. Das ist kreuzgefährlich mit den ganzen Lösungsmitteln auf so kleinem Raum. Das ist tatsächlich giftig. Kauf dir lieber ein Fliegengitter. Sonst stirbst du uns irgendwann, – was wirklich nur für den Verkaufspreis gut wäre. Eric, wie schön, dass ich hier sein darf! Wie war deine Quarantäne?«

ER: »Eigentlich total produktiv, nur dass ich mich am Anfang tatsächlich isolieren musste, weil ich zwei Abende hintereinander zum Abendbrot bei Freunden war, die positiv auf Covid-19 getestet wurden. Doch diese Entkopplung, ich musste nirgendwo hin, alles war still – draußen fuhr kein Zug mehr und niemand war im Haus – das hat geholfen, um in einige Bilder noch mal einzutauchen und einer anderen Stille nachzuspüren.«

OR: »Ich fand die Situation am Anfang eher beklemmend. Sicher auch, weil ich Hals über Kopf aus Kuba abreisen musste, meine Ausstellung und eine zweite Artist Residency in Portugal verschoben wurde. Aber das änderte sich zunehmend und diese Ruhe und der Fakt, mir keine Ausreden ausdenken zu müssen, warum ich zu irgendeinem Happening nicht auftauche, waren eine tolle Begleiterscheinung der Beschränkungen. Deshalb bin ich ja eigentlich auch wieder in Leipzig gelandet. Die Stadt ist groß genug, um mich nicht zu langweilen und klein genug, um in Ruhe zu arbeiten und sich nicht ständig präsentieren zu müssen wie in Berlin. Du hast in Leipzig studiert, oder? Wieso landet man als junger Künstler am Ende dann doch im – korrigiere mich bitte, wenn ich falsch liege – eher verstaubten Dresden?«

ER: »Natürlich ist Dresden viel verschlafener, hat wenig Zustrom und läuft aktuellen Kunstentwicklungen eher hinterher. Selbst in der Ausbildung fehlt die Frische, weil eben nicht Leute wie Peter Doig in Düsseldorf als Professoren an die Kunsthochschule berufen werden. Und dass sie sich damals gegen Neo Rauch als Professor entschieden haben ist bis heute ein Supergau. Damit hätte vieles anders laufen können. Und vor allem: warum?«

OR: »Vielleicht wollte man niemanden, der eine so eindeutige Zuordnung und dann auch noch zur Leipziger Schule hat? Ohne dass er das je gewollt hätte, eiferten ihm schon viele Studenten nach ...«

ER: »Aber geschadet hat es Leipzig nicht. Seine Studenten haben sich irgendwann alle emanzipiert. Und grundsätzlich ist es ja schon so: Je spannender die Professoren, desto talentierter sind die Studenten, die man anzieht. Und dementsprechend auch der Diskurs in den Klassen. Ich war irgendwann fast ein wenig beleidigt, als die Leipziger Schule plötzlich Mitte der Neunziger-Jahre so populär wurde, und dachte: Wartet mal, ich will da schon seit meiner Kindheit zum Malen hin und nun zieht es die ganze Welt nach Leipzig. Ich bin als 12-Jähriger sogar mal ausgerissen und habe mich mit Rad und Rucksack aus Grimma auf den Weg gemacht. Ich habe aber natürlich total unterschätzt, wie berechenbar meine Route sein würde, und um wieviel schneller das Auto meiner Eltern fuhr ...«

OR: »Trotzdem scheinen Institutionen zu fehlen, die sich hier in Dresden für die Gegenwartskunst stark machen? Das MdbK schuf mit ›Connect‹ ja sogar einen festen Platz für den Nachwuchs unter 30 Jahre, um ihnen je einen Monat lang die Möglichkeit zu bieten, erste Museumserfahrungen zu sammeln. Und öffentliche Sammlungen wie die G2 Kunsthalle zeigen auch Positionen weniger etablierter Künstler. Vielleicht ist das allerdings auch aus einer Not heraus entstanden, denn nach Leipzig kommen wenige Menschen wegen des Völkerschlachtdenkmals, höchstens noch wegen der Bach-Tage, aber somit war der Druck zu Innovation vielleicht höher.«

ER: »Andererseits wird hier nicht jede Woche eine neue coole Sau durchs Dorf getrieben, das kann auch Druck erzeugen, wenn man noch nicht so gefestigt ist in seinem Weg. In Dresden lernt man vor allem Technik und Substanz, das ist erhaltenswert, doch die große Bewegung sehe ich nicht. Und während Eigen+Art Neo Rauch in Leipzig halten konnte, hat die Galerie Lehmann mit Thomas Scheibitz auch den letzten Künstler, der internationale Strahlkraft besitzt, an Berlin verloren. Die Galerie Baer existiert nicht länger. Und dennoch mag ich es, aus anderen Städten wieder nach Dresden zu kommen und die Tür zu schließen ...«

OR: »Das hat ja vielleicht auch mit deinen Bildern zu tun ...«

ER: »Klar, ich bin von Introspektion abhängig und je lauter es um mich herum ist, desto weniger höre ich das, was ich in mir aufsteigen lassen könnte.«

OR: »In dir aufsteigen lassen heißt, Du warst an all den Orten deiner Bilder?«

ER: »Ich glaube, ich habe alle Orte mal bereist oder gesehen. Oft liegt das Jahre zurück, so dass ich auch nicht mehr genau sagen kann, ob es ein oder zwei Erlebnisse waren. Das ist auch nicht wichtig, denn ich versuche in den Bildern nicht den Ort sondern die Erinnerung zu konstruieren. Die muss schlüssig sein.«

OR: »Von meinem Arbeiten kenne ich, dass das oft nur ein dünnes Fragment ist, die Erinnerung an eine Erinnerung, die ich unbewusst sicher längst eingefärbt oder glorifiziert habe ...«

ER: »Das passiert wahnsinnig schnell. Oft merke ich erst, wenn ich mal wieder an dem realen Ort stehe, wie sehr mein Inneres damit gearbeitet hat.«

OR: »Gefällt es dir, wenn man deine Bilder als verträumt empfindet? Das klingt nicht gut, aber in meinen Augen besitzen sie alle eine Essenz, die zwischen ruhigem Sehnsuchtsort und entrückter Tristesse changiert.«

ER: »Surreale Traumsequenzen sind zumindest nicht meine Intention, auch wenn ich das oft zu hören bekomme.«

OR: »Ich muss an den Film Fargo denken. Man glaubt in allem Kälte und Schnee zu sehen, obwohl das sicher nicht so ist. Und obwohl alle diese Kühle besitzen, und technisch so gut sind, entsteht zuvorderst diese große Emotion beim Betrachten. Das muss ein gutes Bild für mich können ...«

ER: »Ich befürchte, Du hast Recht mit der Temperatur, das passiert allerdings nicht bewusst. Ich verbinde viele Orte mit einer Fröhlichkeit und dennoch zieht es mich immer wieder in bestimmte Stimmungen und Landschaften hinein, mit denen ich noch etwas austragen oder ausdiskutieren muss.«

## OSKAR RINK

Die deutsche Malerin und Installationskünstlerin Oskar Rink wurde 1980 in Leipzig geboren, wo sie heute noch lebt und arbeitet. Im Atelier ihres Vaters, Arno Rink, einer der wichtigsten Wegbereiter der Neuen Leipziger Schule (sein Schüler Neo Rauch gehört zu den bekanntesten Vertretern), lernt sie von klein auf die Grundelemente der Malerei. Die gelernte Modedesignerin, Illustratorin und Kunsttheoretikerin hat sich mit einer individuellen Perzeption der Kunst von ihrem früheren Mentor differenziert und Ihren Meilenstein zur Gegenwartskunst gesetzt.

## JULIA CHRISTIAN

Julia Christian arbeitet seit vielen Jahren als Journalistin in den Bereichen Kultur, Mode und Design. Deswegen lebt und arbeitet die 38-Jährige, die irgendwann auch mal in Politikwissenschaften gemacht und das Leben in einer Hansestadt ausprobiert hat, wieder in Berlin. »Hier dominiert nicht Prunk, sondern Schönheit, die nicht harmlos ist.« Das bisschen Freizeit verbringt sie am liebsten Aprikosen essend, gern mit Weitblick. Oder in jedem Wald rund um die Stadt.

DAS IST ALLES NUR GESPIELT

Text × **Marlen Hobrack**

# DAS IST ALLES NUR GESPIELT

Räudig und derb geht es beim Wrestling zu. Der Show geht hartes Training voraus. Doch dahinter steckt viel mehr.

Was haben ein Waschbär, ein Indianer und ein 280 Kilogramm schwerer Sumoringer gemeinsam? Sie alle sind Wrestling-Charaktere. Ob Bewohner des Tierreichs, comichafte Superschurken oder Gestalten aus der Erlebniswelt des Kindes: Im Wrestling-Ring treffen sie alle aufeinander, überwinden die Gesetze von Logik und Realismus, sprengen die Grenzen des Glaubhaften und Vorstellbaren und bieten Unterhaltung für die ganze Familie. Die ganze Familie?

Wrestling war in meiner Familie Frauensache. Meine Mutter, meine Schwester und ich saßen einmal wöchentlich abends beisammen, schnitten uns große Stücke einer mächtigen Eistorte ab und schauten Wrestling. Gerade meine zuckersüße, zurückhaltende Mutter konnte hier wüten und wettern, wenn ihr die Ergebnisse der Kämpfe missfielen. Die Männer in meinem Haushalt verachteten den »Sport«. Männer in seltsamer Verkleidung, die im Ring herumhüpfen? Nichts für sie.

Es fiel meinem Bruder zu, mir die »Wahrheit« über das Wrestling zu enthüllen: Dass es »Fake« sei, obwohl man diese Vokabel damals eigentlich noch nicht benutzte. Vermutlich sagte er, dass es nicht »echt« sei, alles nur Show. »Das ist gespielt.« Damit hatte er Recht und Unrecht zugleich, wie wir noch sehen werden. Fürs erste fühlte ich mich wie vom Stuhl getroffen: Warum sollten erwachsene Männer vor einem Millionenpublikum weltweit nur so tun, als kämpften sie? Warum sollten sie sich abstimmen, wer der Gewinner, wer der Verlierer der Kämpfe sein sollte, und so das Prinzip des Kampfes ad absurdum führen? Die Enthüllung hatte etwas von der Dimension der Aufklärung über die Wahrheit des Weihnachtsmannes. Danach, also nach der Enthüllung, kann man sich eigentlich nicht mehr vorstellen, dass man mal an die Echtheit der Sache glaubte.

Als ich älter wurde, träumte ich trotz allem selbst davon, Wrestlerin zu werden. Und der Zufall wollte es, dass es ausgerechnet in Dresden eine Wrestling-Schule gab. Monatelang haderte ich mit mir. Sollte ich mich bewerben? Irgendwann dämmerte mir, dass jemand, der den Sportunterricht über Monate geschwänzt hatte und davon träumte, sein Leben lang Bücher zu schreiben, vielleicht nicht gemacht wäre für den aktiven Kampf im Ring. So wurde ich zur Zuschauerin.

Jemand, der im Gegensatz zu mir seinem Traum von der Wrestling-Karriere nachging und tatsächlich durch die harte Schule des Fallens und Wiederaufstehens in Dresden ging, ist Laurenz Domschke. Bekannt wurde »Lauri«, wie ihn die Fans liebevoll nennen, aber mit seinem Wrestling-Gimmick als Waschbär. Ein Waschbär? Nicht gerade eine furchteinflößende Ringgestalt. Aber darum geht es auch nicht. Wer ihn kennenlernt, trifft auf einen überaus höflichen, freundlichen jungen Mann. Jedenfalls keinen Ringberserker. Wie also kam ausgerechnet er zum Wrestling?

»Das Wrestling habe ich begonnen, da bin ich gerade Sechzehn geworden. Ich habe mich mit Fünfzehn im Fitnessstudio angemeldet, weil ich mir dachte, ich muss Muskeln aufbauen, ich muss fit werden. Und dann habe ich angefangen in der Wrestling-Schule Dresden unter der Leitung von Axel Tischer, Mario Neumann und Rick Baxxter.« Große Namen in der lokalen Wrestling-Szene, wie wir noch sehen werden.

Seine Klassenkameraden folgten seiner Wrestling-Begeisterung nicht unbedingt. Auch sie fanden, es sei »alles Fake, alles Show«, erklärt er. »Ich hab damals noch nicht die Argumente gehabt – wie ich es später auch selber im Ring erfahren hab –, dass Wrestling natürlich nicht »echt« ist. Es ist kein echter Kampf, wir schlagen uns nicht so lange, bis der Bessere gewinnt. Man verletzt sich nicht mit Vorsatz wirklich, es ist eine Choreographie, die man bei einem Live-Event an die Live-Publikumsreaktion anpasst. Es ist wie bei einer Fernsehserie, bei der man weiß, dass niemand wirklich verletzt wurde, und man trotzdem emotional dabei ist. Aber das Jugendlichen in der Pubertät zu erklären und den Freunden zu sagen, ›darum geht's im Wrestling, und es ist nicht nur eine alberne Hampelei, die im Ring stattfindet‹, war halt nicht immer einfach.«

Tatsächlich erinnert Wrestling, und genau das macht seine Schönheit aus, in seinen besten Momenten an einen Tanz mit aufwendiger Choreografie, die dann wirklich perfekt aussieht, wenn die »Tänzer« ihre Bewegungen auf scheinbar magische Weise koordinieren. Natürlich steckt dahinter harte Arbeit und häufig jahrelange Zusammenarbeit.

Dass »Lauri« sich nicht beirren ließ, zahlte sich aus. Rasch avancierte er zu einem absoluten Publikumsliebling. Dass es in Dresden überhaupt eine Wrestling-Schule gibt, war nicht nur für ihn ein Glücksfall. Denn die Schule war in Ostdeutschland – nimmt man einmal Berlin aus – eine absolute Ausnahme. »Man hat die WWF Wrestling-Schule in Berlin, die wXw Academy oder damals noch das wXw Dojo in Oberhausen/Essen, Schulen in Hannover und Nürnberg, ansonsten gab es keine Schule in Ostdeutschland. Axel Tischer hat damals seine erste Wrestling-Schule hier gegründet und den Grundstein gelegt.«

Besagter Axel Tischer ist eine besondere Figur, nicht nur fürs ostdeutsche Wrestling. Tischer schaffte, was nur ganz wenigen Deutschen gelang: von einer der großen amerikanischen Wrestling-Profiligen unter Vertrag genommen zu werden. In den späten 90er gelang es dem Wrestler Alex Wright, der als Berlyn für die WCW arbeitete. Tischer erhielt einen Vertrag mit der WWE, der größten und weltweit bekanntesten Wrestling-Liga der USA. Zuvor hatte er unter anderem in Japan gewrestelt. Technisches Können und eine gute Vernetzung innerhalb der Wrestling-Welt garantierten der kleinen Dresdner Wrestling-Schule durchschlagenden Erfolg. Gemeinsam mit Rick Baxxter und seinem Tag Team-Partner Mario Neumann baute man nicht nur eine Schule auf; man veranstaltete auch regelmäßig Live-Wrestling. »Das sind die Leute gewesen, die, schon bevor es Next Step Wrestling in Dresden gab, Wrestling veranstaltet haben. D.h., sie haben schon Anfang 2000 Shows abgehalten, sind auch ins Minus gegangen, aber hatten einfach den Kindheitstraum, Wrestler zu sein und Wrestling-Shows zu veranstalten, Leute zu unterhalten«, erklärt Domschke.

So konnte sich aus der Schule, die so weit von den großen Zentren des Wrestlings entfernt liegt, eine Keimzelle des ostdeutschen Wrestlings entwickeln, die auch international ausstrahlt. Wrestler aus ganz Sachsen, Sachsen-Anhalt und Thüringen kamen nach Dresden. Aber nicht nur die Wrestler machten Next Step Wrestling zum Erfolg. Die Sache mit dem Wrestling sprach sich herum. »Wenn man eine Wrestling-Schule gründet und die bei allen Schülern, deren Freundeskreis und Schulen zum Thema wird, entsteht einfach generell ein größeres Bewusstsein, dass es da etwas gibt, was eine coole Show ist, was anders als Fußball ist und auch anders als Boxen«, so Domschke.

Wer Live-Shows von Next Step Wrestling bzw. inzwischen Pro Wrestling Deutschland besucht, dem springen vermutlich zuerst die eingefleischten Fans, »die Ultras« in Kostüm und Maske ins Auge. Ohne sie wäre Wrestling nichts. »Dresden hatte halt schon immer ein gutes Publikum. Wir waren immer dankbar, dass wXw, die natürlich ein großes Publikum und deutschlandweite Publicity gezogen hat, auch immer einen festen Tourstop in Dresden hatte. Und dass die ostdeutschen Fans bekannt sind dafür, sehr lautstark zu sein, sehr engagiert und involviert. Dadurch ist ›der wilde Osten‹, wie die wXw das immer genannt hat, berühmt geworden für stimmungsvolle Events.«

Die meisten Menschen hierzulande ahnen gar nicht, dass es in Europa eine kleine, aber durchaus aktive und erfolgreiche Wrestling-Szene gibt. Die wXw, Westside Xtreme Wrestling, tourte mit großen Ausnahmetalenten wie Toni Storm, Killer Kelly und Walter, die zwischenzeitlich alle ihr NXT-Debüt gaben (NXT gehört ebenfalls zur WWE). Über die Jahre wurden mehrere Wrestler, die in dieser so kleinen und scheinbar unbedeutenden Dresdner-Liga Next Step auftraten, von der größten internationalen Wrestling-Liga, der WWE, unter Vertrag genommen: Der Dresdner Alexander Wolfe alias Axel Tischer gab sein Debüt in den USA 2015. Ilja Dragunov, der in Russland geboren wurde und fünfjährig gemeinsam mit seiner Mutter nach Dresden emigrierte und hier trainierte, ist inzwischen ein gefeierter NXT-Star.

Nie war der Austausch zwischen kleinen, unabhängigen Wrestling-Ligen und den ganz großen amerikanischen Ligen reger. Aber während den Wrestlern, die sich bis in die internationalen Top-Ligen vorgekämpft haben, große Anerkennung winkt, die zumindest kurze Zeit das Schinden des eigenen Körpers aufwiegen mag, ist die Belohnung des Independent-Wrestlers denkbar klein. Ein echter Knochenjob für ein Taschengeld, und das Brot des Künstlers ist wie immer der Applaus.

»Wrestling ist in Deutschland nicht so vergütet, dass man das hauptberuflich machen kann. Man fährt oft zweigleisig, man muss sich fit halten, immer neue Dinge einfallen lassen, sich vielleicht eine neue Gear entwickeln, seinen Charakter spannend halten – und das ist sehr zeitaufwendig«, erklärt Domschke. Hinzu kommen die Shows am Wochenende, für die man hunderte Kilometer weit fährt.

Wrestling hat »eben mit vielen Entbehrungen zu tun«. Was wohl der wichtigste Grund dafür ist, warum Laurenz Domschke sich aus dem Wrestling zurückzog. Aber ist der Wrestler, der seine Stiefel an den Nagel hängt, nicht eine Art Running Gag, und die umjubelte Wiederkehr nicht schon immer Teil des Skriptes? Gibt es eine Chance auf ein Comeback?

»Wieder im Ring zu stehen – darauf hätte ich Lust, Bock habe ich auf jeden Fall. Der Adrenalin-Rausch, dem man ausgesetzt ist, wenn man vor einem Publikum auftritt, wenn man mit Fans interagiert, der ist selten auch auf kleinem Niveau so ansteckend. Schon bei 200 Leuten hast du diesen Hype, diesen Adrenalin-Rausch, wenn die Leute dich anfeuern oder dich als Bösewicht ausbuhen.«

Wie bestellt liefert Laurenz Domschke das entscheidende Stichwort: Denn ohne das Böse wäre Wrestling äußerst langweilig. Tatsächlich sehen nicht wenige Fans im Wrestling den epischen Kampf zwischen Gut und Böse verwirklicht. Am Ende muss das Gute obsiegen, das heißt aber noch lange nicht, dass das Böse zwischendurch keine Triumphe feiern darf. Einer, der immer wieder im Ring triumphieren durfte, ist Robert Kaiser. Er ist seit Jahren die Verkörperung des Niederträchtigen für Next Step. Die Rolle des Heels, also Bösen im Ring, ist ihm auf den Leib geschrieben. Dabei folgt sie einem zutiefst kontroversen Skript: »In jedem Charakter ist ein Teil des persönlichen Ichs dabei. Also man nimmt eine Eigenschaft und formuliert die im Ring dann so aus oder überspitzt sie, dass es funktioniert. Ich zum Beispiel war immer politisch interessiert und man hat mir immer Grundzüge von Arroganz und Selbstverliebtheit nachgesagt. Damals habe ich als Cottbusser oft in Berlin-Kreuzberg gegen Gegner – die waren oft türkischer Abstammung oder Muslime, wie zum Beispiel meine Trainer – gekämpft, und das war damals die Zeit, als es politisch im ganzen Land in eine völlig falsche Richtung ging. PEGIDA wurde gegründet, die AfD wurde gegründet, all so ein Schnurz. Also hab ich daraus ›Robert Kaiser – die Alternative Berufsringkampf‹ gemacht und habe gegen die ›Islamisierung des Wrestling (Abendlandes?)‹ gekämpft. Ich habe das quasi als Persiflage auf die Höckes, die Bachmanns, die Petrys und wie die Deppen alle heißen, gesehen. Folglich war das natürlich auch ein Ritt auf der Rasierklinge. Aber für mich war es dabei immer wichtig, völlig fehlgeleitet in meinem Denken im Ring auszusehen, nicht wie der Über-Wrestler dazustehen, der alle besiegt – mich hat man oft besiegt, und das war halt für mich wichtig – dass ich nicht jedes Mal als Gewinner dastehe. Und ich glaube, der Großteil der Fans hat das damals auch als Verballhornung gesehen gegenüber rechts. Wobei ich auch von vielen Kollegen und Veranstaltern beschimpft wurde als ›der Nazi‹, das war vielleicht auch vom ersten Blick aufs Gimmick so zu sehen, aber die Intention dahinter war zu sagen: ›Ey, bei den Wrestling-Shows stellt ihr euch mit aller Kraft gegen diesen Nazi Robert Kaiser, warum nicht auch darüber hinaus, da, wo's wichtig ist? Also in der Gesellschaft‹.«

Bei Robert Kaiser ist der Kontrast von In-Ring-Persönlichkeit und Person außerhalb des Ringes enorm. Man sitzt einem Mann gegenüber, der freundlich und aufgeschlossen wirkt. Bei unserem ersten Treffen, vor zwei Jahren, schiebt er seine kleine Tochter im Kinderwagen vor sich her. Wie verträgt sich die Rolle des finsteren Bösewichts mit der des Familienvaters?

»Seit der Geburt meiner Tochter bin ich abgewichen davon, dieses PEGIDA-nahe Gimmick zu haben. Sie sollte so einen Scheiß nicht sehen. Es hat aber auch damit zu tun, dass ich einen tollen Beruf hab in der Öffentlichkeit, ich arbeite in der Presse. Ich wollte mich da auch selber schützen, denn du weißt ja nicht, wie der Chefredakteur oder die Kunden darauf reagieren, wenn ich plötzlich auf Facebook in einer Bomberjacke und Springerstiefel zu sehen bin. Deshalb bin ich abgekehrt davon.« Und er fügt hinzu: »Und außerdem, diese nichtdemokratischen Tendenzen in unserer Gesellschaft, die nehmen ja leider immer mehr zu. Deswegen: Zu viele Nazis da draußen, ich will keiner mehr sein.«

Man könnte einwenden, dass ein solcher Charakter insgesamt geschmacklos sei. Allerdings gehörte auch das stets zum Wrestling, das gerne Grenzen überschreitet. Und parallel bemühen sich auch Teile der Politik, Grenzen der Geschmacklosigkeit zu überwinden. Jedenfalls war der gegenwärtige US-Präsident nicht zufällig Teil einer Wrestling-Storyline der WWE. Wrestling zeigt, was dem Publikum gefällt. Wrestling weitet die Grenzen des guten Geschmacks, allerdings durchaus mit einem kathartischen Effekt: Die Fans jubeln, wenn der Gute gewinnt, sie buhen den Bösen aus, und sind überglücklich, wenn er seine Abreibung erhält. Wrestling ist »eine Unterhaltungsform, die tatsächlich nur fürs Publikum gemacht ist«, so Laurenz Domschke, ohne Publikum ist Wrestling nicht denkbar, weswegen die Corona-Krise so manche große Wrestling-Liga hart getroffen hat. Wrestling ohne Publikum – das wirkt tatsächlich wie eine Wasserballett-Trockenübung.

Trotzdem muss die Show weitergehen, auch mit jungen Talenten, die in Schulen wie hier in Dresden ihre ersten Schritte im Ring machen. Dürfte Robert Kaisers Tochter eigentlich wrestlen? »Wenn sie selbst in den Ring steigen will, würde ich es ihr nicht verbieten, aber ich würde ihr definitiv davon abraten.« Ein schroffer Backstage-Umgang und sexuelle Belästigungen – auch die Wrestling-Welt ist nicht immer heil. Im Moment sei seine Tochter sowieso viel zu klein, um Wrestling auch nur zu schauen. Oder gar einordnen zu können, was sie sieht. Aber wer weiß, was so in ihr schlummert.

»Witzigerweise hat sie sich neulich aufs Sofa gestellt und ist mit einem Elbow-drop auf die Kissen unterm Sofa gesprungen. Wir mussten lachen und sagten ›oh oh‹.« Vielleicht erleben wir irgendwann eine Vater-Tochter-Storyline? Abwarten. Vielleicht wird sie auch schlichtweg ein begeisterter Fan. Einer, den man ganz sicher nicht darüber aufklären muss, dass Wrestling »ja nur eine Show« ist.

---

### MARLEN HOBRACK

Geboren wurde sie 1986 in Bautzen, wo es mehr als Senf und Sorben gibt, aber vor allem Langeweile. Dort besuchte sie das Sorbische Gymnasium. Mit 14 zog sie nach Dresden, wo die Schülerin prompt begann, die Schule zu schwänzen. Als 16-Jährige lief es dann wieder mit der Schule, sogar bis zum Abitur. Zwischendurch bekam sie ein Kind, weswegen sie den Traum einer Punkrock-Karriere (Gott sei Dank) aufgab. Stattdessen studierte sie Literatur-, Kultur- und Medienwissenschaften sowie Kunstgeschichte. Danach arbeitete sie vier Jahre lang für eine Unternehmensberatung. Ab 2016 studiere sie im Master Kultur- und Medienwissenschaften in Dresden. Zynismus übrigens ist ihre bevorzugte Art, mit den Zumutungen dieser Welt umzugehen. Sie sagt: »Manchmal bin ich wütend. Ich bin nicht reich und auch nicht schön. Wenn ich groß bin, wäre ich gerne Hunter S. Thompson. Oder Courtney Love. Ich überlege noch.«

HALUNKEN, MÖRDER, DIEBE

Text × **Francis Mohr**

# HALUNKEN, MÖRDER, DIEBE

Dresden ist angeblich ein sicheres Pflaster. Doch Verbrecher sind überall – zuletzt im Grünen Gewölbe.

Dresden erlebte im November letzten Jahres mit dem Einbruch ins Grüne Gewölbe einen unglaublichen Juwelendiebstahl. Es war ein Raub, der das Gemüt vieler Dresdner massiv erschütterte und weltweit für Furore sorgte. Meine Nachbarin, eine angestammte Dresdnerin, stand mit tränenschweren Augen und vor Wut schlotternden Knien vor mir, als sie mir von der Untat am nächsten Morgen berichtete. Freunde aus den USA sendeten mir eine Kondolenz und fragten mich, wieso die Herren von der Security Waffen trügen, ohne sie in Stellung zu bringen. Die vorgetragene Brutalität gegen das kulturelle Heiligtum von Elbflorenz und die offensichtliche Schutzlosigkeit, dem der Schmuck ausgesetzt war, beunruhigten auch mich, dürften sie doch wie eine Einladung für ähnliche Deals in naher Zukunft wirken.

Immerhin wurde eine Prämie von einer halben Million »Dresdner«Euro ausgesetzt, um die Täter zu ermitteln und vielleicht auch das Diebesgut zurückzuerobern. Eine Sonderkommission mit dem edlen Namen Epaulette wurde aufgestellt.

Trotz dieses einzigartigen Diebstahls gelang es Dresden wiederholt nicht, in puncto Kriminalität an Leipzig vorbeizuziehen. Zum Glück! So auch im Jahre 2019 nicht. Die Landeshauptstadt weist ein Drittel weniger Straftaten als Leipzig auf. Dresden ist also ein eher sicheres Pflaster. Am gefährlichsten lebt man in der Inneren Altstadt, der kompletten Neustadt, in der Seevorstadt und leider auch in meiner geliebten Friedrichstadt. Die Aufklärungsquote bei Mord lag in den letzten Jahren zwischen 90 und 100 Prozent. Für Vergewaltigungen und sexuelle Nötigung lag sie bei immerhin 80 Prozent. Also: Vergewaltiger lasst eure schmutzigen Pfoten von den Frauen. Die pfiffigen Damen und Herren von den Dresdner Kommissariaten kriegen euch eh zu fassen.

Drei waschechte Sheriffs von der Dresdner Kripo und dem LKA waren so gefällig, mir einen Einblick in ihre Arbeit zu gewähren. Natürlich verdeckt!

Mich interessierte, welcher Dresdner Kriminalfall sie am stärksten beeindruckt habe?

Kommissar W. P. nennt die Ermittlungen der Soko Heller, als man im Zusammenhang mit dem Missbrauch von zwei Mädchen den größten Massengentest Deutschlands in Hellerau und Coswig durchführte. Der Täter hatte die neun und elf Jahre alten Mädchen 2005/06 vergewaltigt, aber wieder in der Stadt abgesetzt und überleben lassen. 30 Kriminalisten ermittelten, bis sie den 33-jährigen Sexualverbrecher im Zuge konventioneller Ermittlungsstrategien und einem DNA-Test mit knapp 15 000 freiwilligen Speichelproben überführen konnten. Auch erwähnt W. P. »den Doppelmord an den Eheleuten Adolph im Wald von Moritzburg, die zufällig Zeugen einer illegalen Schießübung wurden und nach einer verbalen

Auseinandersetzung durch mehrere Pistolenschüsse aus nächster Nähe getötet wurden.« Sogar die Hündin Hedda wurde an jenem furchtbaren 5. Februar 1997 erschossen.

Für Kriminalhauptkommissarin I. K. ist es der Fall Stephanie aus dem Jahre 2006. 36 Tage lang wurde die 13-jährige Gymnasiastin von Mario M. eingekerkert und sexuell gepeinigt. Durch eine kluge Zettelbotschaft trug sie selbst zu ihrer Befreiung bei.

Für Kriminalhauptkommissar F. S. hingegen ist es die Tötung auf Verlangen mit Bezug zum Kannibalismus im Jahre 2013. Ein ehemaliger Schriftsachverständiger des LKA Sachsen tötete in seiner Pension im Gimmlitztal in einem speziell dafür präparierten Folterkeller einen Geschäftsmann aus Hannover, nachdem sie sich in einem Internetforum für Kannibalismus kennengelernt hatten. Der Getötete habe als Schlachtopfer enden wollen.

Wilde Jagden und rauchende Colts? Obwohl in den TV-Serien Polizeiruf 110 oder seinem Pendant Tatort die Tandemkommissare ständig zur Waffe greifen und wie rasend um sich ballern, mussten ihre Dresdner Kollegen noch nie tödlichen Gebrauch von ihrer Dienstwaffe machen, wie sie erleichtert resümieren.

**Roman-Kriminalität im Osten der deutschen Republik**

Bevor ihn der Herr in einer frostigen Winternacht zu sich rief, fragte ich meinen Vater, den Schriftsteller Steffen Mohr, womit alles begann? Wie aus der Pistole geschossen nannte er Edgar Allan Poe. Poe habe mit seiner Kurzgeschichte »Der Doppelmord in der Rue Morgue« bereits 1841 die Loipe gespurt, der bis heute Kriminalautoren aus der ganzen Welt folgen. So auch in Deutschland, in Sachsen, in Dresden.

Vater kann ich getrost postum den Titel eines Altmeisters des ostdeutschen Krimis verleihen. Er studierte am Literaturinstitut in Leipzig und wirkte als Autor in Dresden und Leipzig. Im Duett mit Horst Bosetzky (Westberlin) fabrizierte er den einzigen deutsch-deutschen Roman kurz vor der Wende über Systemgrenzen hinweg. Der Plot des Krimis »Schau nicht hin, schau nicht her« war ein Transit-Leichen-Delikt und der Roman wurde fast von den Kultur-Apparatschiks der DDR zu Fall gebracht. Das beim Rowohlt-Verlag hart verdiente Geld bekam Vater großzügig zum Umtauschkurs von eins zu eins von den DDR-Behörden ausgezahlt. Eine Westmark gegen eine Aluminium-Mark aus dem Osten. So gefällig benahmen sich die Genossen und Devisenhaie gegenüber Nicht-Genossen im Staate der Gleichheit. Es wurde ein sehr auflagenstarkes und erfolgreiches Buch.

Blaulicht-Krimis und Bücher aus der DIE-Reihe inspirierten mich viel später, in die Fußstapfen meines Vaters zu treten und es auch mit einem Krimi zu versuchen. Dabei gilt das Krimi-Genre als trivial, wird belächelt und sogar angefeindet. Zumeist von Autoren oder Literaturwissenschaftlern, die ein verkrampftes Verhältnis zum Krimi pflegen und denen es an Selbstbewusstsein für die eigenen Texte womöglich fehlt. Autoren von Krimis degradiert man gerne zu Machern von Kreuzwort-Rätseln.

Am Leser gehen solche Betrachtungen hingegen unbeachtet vorüber. Die Intrige, der Mord und das Böse faszinierten schon immer den Menschen, so er nicht selbst davon betroffen ist. So verwundert es kaum, dass jedes vierte heute in Dresden und Deutschland gekaufte belletristische Buch ein Kriminalroman ist. Und gelesen wird er von allen Schichten der Bevölkerung. Von der Schülerin, vom Postboten und von der Professorin.

Im ehemaligen Osten Deutschlands, dessen Verlagslandschaft mit der Wende unehrenhaft in eine bedauerliche Trümmerwüste verwandelt wurde, gab es nicht wenige Krimiautoren. Wenngleich es in der sozialistischen Gesellschaft im Gegensatz zur BRD kaum Morde geben durfte, entdeckten schreibende DDR-Bürger verbrecherische Geschichten und durften diese nach politisch und ästhetisch marternden Lektoraten dennoch veröffentlichen. Dem Kriminalautor wurde einiges zugemutet, stand er doch stets im Spannungsfeld von Zensur und eigenem literarischem Anspruch. Dabei hatten nicht wenige Krimi-Autoren aus dem Osten Literatur, Germanistik oder andere Hochschulstudien absolviert. Das Geschriebene besaß und besitzt von daher ein hohes literarisches Niveau. Blättere ich in den Literaturführern der letzten Jahrzehnte dominieren Berlin und meine Heimatstädte Leipzig und Dresden als Nistplätze der meisten Schriftsteller aus der ehemaligen DDR und dem heutigen sogenannten Osten Deutschlands. Das gilt auch für die Kriminalliteratur.

**Heutige Kriminalschriftsteller in Dresden – Interviews**

Auch in Dresden leben Schriftsteller, die das Zeug dazu haben, Drehbuchvorlagen für Krimis zu kreieren. Die Autorenlandschaft ist dabei so bunt wie Dresden selbst und man mag mir verzeihen, wenn ich nicht alle auf dem Schirm haben kann. Ich habe mir erlaubt, vier AutorenkollegInnen und mir selbst einige Fragen zu stellen, uns quasi aus dem Nähkästchen plaudern zu lassen, um Ihnen einen Einblick in die Entstehungsprozesse grausiger Texte zu geben.

Victoria Krebs ist seit 27 Jahren von ganzem Herzen Dresdnerin. Dresden wäre für sie eine Liebe auf den ersten Blick gewesen. Christine Sylvester lebt und arbeitet seit 20 Jahren in Dresden und die »Dresdner sind ganz auf meiner Humorwelle … Nur mit dem Fahrstil der Dresdner hadere ich noch immer.« Frank Goldammer ist Dresdner »zu hundert Prozent und lebe ohne Unterbrechung in der Stadt. Ich habe in der Neustadt, in Striesen und in Zschachwitz gewohnt.« Andreas M. Sturm erblickte in Dresden das Licht der Welt, kenne jedes Viertel, was den Rechercheaufwand begrenze.

Und ich wurde im Dresdner St. Joseph-Stift geboren. Nach einer längeren Verschickung nach Leipzig bin ich letztlich in der kriminellen Friedrichstadt gestrandet.

Welcher Dresdner Kriminalfall nach einem Drehbuch schreie, beantwortet Sturm, indem er die Ermordung des Portraitmalers Franz Gerhard von Kügelgen vorschlägt. Der wurde vor zweihundert Jahren erschlagen von seinem 17-jährigem Sohn Wilhelm im Graben an der Bautzner Straße aufgefunden. Wilhelm litt in der Folge sein Leben lang an Depressionen. Goldammer hingegen nennt den Juwelenraub im Grünen Gewölbe oder den Lynchmord am sächsischen Kriegsminister Gustav Neuring von 1919. Und ich würde die dunklen Seiten von Odol-König Karl August Lingner in Szene setzen. Das reicht für einen satten Dreiteiler, der zwischen 1906 und 1911 spielen würde. Oder das Schicksal der Bestände des Dresdner Kriminalmuseums. Bis 1944 war es ein Museum von Weltruf, deren 70 000 Exponate sich mit und nach dem 2. Weltkrieg unter ominösen Umständen verloren.

Woher nehmen die Autoren ihre verbrecherischen Impulse zum Schreiben?

»Der Impuls für eine Idee kann von verschiedenen Quellen herrühren: Ein Artikel in der Zeitung, ein aktuelles gesellschaftliches Problem oder auch Fernsehsendungen wie True Crime«, so Krebs. Sturm schöpfe aus den Medien und seinem persönlichen Umfeld: »Eine kurze Notiz, eine Begegnung und schon ist ein neuer Plot geboren.« Goldammer stellt sich meist ein Szenario vor, in dem eine Leiche gefunden werde und frage sich dann selbst, was geschehen sei und warum.

»Wenn ich jetzt sage, sie kommen aus der tiefen Empörung über das ungeheure Potenzial des Bösen in der menschlichen Seele, ist das sicher nicht falsch. Aber 'mal ganz unter uns: Hinausgehen, Menschen beobachten, Verhaltensweisen registrieren, Dialoge belauschen – und prompt kann ich mich emotional wie verbal vollkommen in die Psyche eines Killers versetzen. Es gibt tausend überzeugende Motive, jetzt und hier zum Verbrecher zu werden.«, begründet Sylvester ihren Antrieb für kriminelle Stoffe.

Und für mich liegt der Stoff auf der Straße, ich muss mich nur krümmen. Dresdner mit kriminellen Talenten erlebe ich nicht selten in meiner beruflichen Praxis als Psychologe.

Man kann sich gut vorstellen, dass Autoren lieber hauptamtliche Ermittler wären, statt kriminale Stories zu erfinden. Oder?

»Eher nicht. Ich befürchte, dass die reale Ermittlerarbeit nicht so spannend und abwechslungsreich ist wie in meinen Büchern«, lehnt Sturm ab. So auch Krebs: »Da ist mir das Schreiben wesentlich lieber.« Sylvester vertieft das: »Es ist geradezu entsetzlich, wie viele Dienstwege es gibt, wie viel Bürokratie erledigt werden muss. Krimis sind ja sehr beliebt. Je mehr sie per Buch, Film, TV konsumiert werden, desto irrationaler steigen die Ansprüche an echte Ermittler in der Bevölkerung. Natürlich löst keine Mordkommission einen Fall innerhalb von 90 Minuten oder 300 Buchseiten. Und natürlich sind auch nur in der Fiktion die Täter oft sympathisch und die Ermittler heldenhaft motiviert.«

Auch Goldammer möchte kein hauptamtlicher Ermittler sein und neige dazu, sich das Elend anderer Leute »zu sehr anzunehmen und könne dann bestimmt nächtelang nicht schlafen.«

Und ich: Ich wäre gerne Forensiker geworden. Immerhin hat es für mich zur Ergründung der Engpässe in der menschlichen Seele gereicht. Gelegentlich sitzt mir ein depressiver Kommissar gegenüber. Dann darf ich die Fragen stellen und wir beide sind auf der Jagd nach Begründungen. Das kann sehr spannend sein.

**Was meint die Kripo? – Interviews**

Ist der Tag bereits mit Verbrechen gefüllt, darf man sich in der Freizeit davon getrost erholen. Oder vielleicht doch nicht? Lesen Dresdner Kommissare überhaupt Krimis? Aber natürlich, bestätigen mir die drei Kollegen und sie zählen mir die Creme des internationalen Krimis auf. Leider werden von den Kommissaren keine Kriminalautoren der ehemaligen DDR, dem Osten oder sogar aus Dresden genannt. Lediglich die Kommissarin habe häufig Krimis der DIE-Reihe gelesen. »Erinnern kann ich mich noch an ›Drei Flaschen Tokaier‹ von Klaus Möckel (aus Kirchberg in Sachsen, heute Berlin, d. Red.) oder an ›Verhängnis vor Elysium‹ von Jürgen Höpfner (aus Erfurt, d. Red.).«

Die meisten Kriminalschriftsteller kommen nicht aus dem Fach. Da stellt sich die berechtigte Frage, wie realistisch das ist, was die Autoren da tippen?

W. P. kann den von ihm favorisierten Autoren viel Realismus bescheinigen. Kommissarin I. K. findet die meisten Krimis hingegen unrealistisch: »Die alltägliche Polizeiarbeit ist weniger spannend als die meisten glauben und sehr langwierig. Deshalb würden sich die Leser sicher langweilen, wenn sie darüber lesen würden.«

Im Grunde müssten doch die wahren Kommissare die Krimis schreiben. Oder?

Während Kommissar F. S. ans Schreiben eines Krimis noch keine Gedanken verschwendet hat, schließt die Kommissarin I. K. es nicht aus, als Pensionärin zum Stift zu greifen. W. P. könne sich vorstellen, eine Biografie mit Fällen zu schreiben, an denen er beruflich beteiligt war. Aber er befürchtet, »dass mir dazu das nötige schriftstellerische Handwerkzeugs fehlt.«

Es scheint wohl so, dass Kommissare und Kriminalschriftsteller aus Dresden eher keine beruflichen Konkurrenten werden. Die einen möchten keine Kommissare werden und die anderen trauen es sich nicht zu, ihr Wissen in literarische Formen zu gießen. Vielleicht entsteht gerade deshalb so viel Kriminalphantastisches und in der Realität werden die Fälle ganz fade ohne Schießereien gelöst.

**Ad finalem**

Liebe Dresdner, trotz der erschreckend hohen Anzahl von Verbrechen, der beschwerlichen Arbeit der Kommissare und der blühenden Phantasie der Autoren möchte ich Sie bitten, in Dresden zu bleiben. Dresden braucht Sie – die unbescholtenen Bürger! Was wäre aber eine Stadt ohne Frevler, Würger, Betrüger, Lumpen, Mordsgesellen, Halunken, Schieber, Diebe und ihre Jäger? Bitte beantworten Sie diese Frage selbst und verzeihen Sie mir die Schurkerei, den Text in fast ausschließlich männlicher Form diktiert zu haben. Jeder Kommissar und Autor und die Diebe und Mörder können und dürfen natürlich auch Frauen oder non-binär sein. Beim Doppelmord in der Rue Morgue war es gar ein Orang-Utan, der das Rasiermesser schwang. ghostload

---

### FRANCIS MOHR

In Dresden geboren, in Leipzig aufgewachsen, lebt heute wieder in Dresden und arbeitet in einer Psychiatrie. Mit Leif Hauswald gründete er 2006 das Autorenduo Federkrieger Dresden und 2013 war er Mitbegründer der Dresdner Lesebühne Phrase4. 2019 hob er gemeinsam mit dem Jazz-Musiker Micha Winkler die Krimi-Jazz-Reihe »Jazz wird's kriminell« und die »JazzSide-Stories« im Dresdner FriedrichstaTT Palast aus der Taufe. Mit seinen Shortstories und den Songs des Gitarristen TinoZ tourt er in der Region. Er veröffentlichte eine Bühnenfassung von »Der Schimmelreiter« nach Theodor Storm. Bei Salomo Publishing erschienen sein Romandebüt »Flashback Ost« (2011), der Kriminalroman »Februar« (2015) und seine Erzählbände »Kafka & Knödel / Die Invasion der Elstern« (2013) und »HOTEL A_TORIA« (2018). Kurzkrimis von ihm fanden Eingang in Krimi-Anthologien. Lesungen führten ihn bis nach Linz und Czernowitz (Ukraine). Francis ist ein Verehrer der Familie, seiner Freunde und des Portweins. Sein Herz schlägt für den Süden, den Osten und das Meer. Er ist Familienvater mit Frau und zwei Kindern.

DIE VERBINDERIN

Text × Juliane Schiemenz

# DIE VERBINDERIN

Ein Interview im neunten Stock eines Johannstädter Plattenbaus. Es geht darum, die Dresdner zu verstehen.

Ein Juli-Sonntag in der Johannstadt. Sonnenschein, Vogelgezwitscher, Dampferhupen in der Ferne, von irgendwoher duftet Kuchen. Ich sitze mit meiner Freundin Cornelia Reichel auf deren Balkon im neunten Stock eines riesigen Plattenbaus. Erbaut im Jahr 1974. Zehn Stockwerke, neun Aufgänge, insgesamt 360 Mietparteien. Wir blicken auf andere Plattenbauten, aber auch auf sehr viel Grün, am Horizont der Fernsehturm in Bühlau, die Heide. Schön ist es hier, ich staune. Mal wieder. Selten bin ich in Plattenbauten zu Gast. Die Menschen, mit denen ich befreundet bin, leben meist in Altbauten. Das letzte Mal war ich vor einem halben Jahr hier, Conny hatte zum weihnachtlichen »Plattensingen« geladen: Wir standen gemeinsam mit weiteren Freunden und Glühweinbechern in den Händen auf dem Balkon und sangen Weihnachtslieder – während auf den anderen Balkons um uns herum mitgesungen wurde. Ein schöner Moment des Zusammenhalts und der Verbindung. Genau solche Aktionen sind in meinen Augen typisch für Cornelia, die ich seit über zehn Jahren kenne: Sowohl privat als auch beruflich interessiert sie sich für Möglichkeiten, Menschen miteinander in Verbindung zu bringen.

Aus einer Nachbarwohnung erklingt plötzlich ein leises Musikstück. Irgendwas mit einem Chor, vielleicht ein Kinderchor? Es klingt so ... sozialistisch.

**Sag mal, Conny, hörst du das Lied? Ist das was Sozialistisches? Oder dringt die Plattenbauromantik in meinen Kopf und ich bilde mir das ein?**
(Lacht) Wer weiß, was meine Rentner heute zum Sonntag so machen ...

**Vor unserem Gespräch habe ich über einen Titel nachgedacht ... Die Putin-Versteherin? Die AfD-Versteherin?**
Versteherin finde ich gut. Und ich habe auch kein Problem mit Putin-Versteherin. Ich habe immer den Wunsch des Verstehens. Es ist in unserer Gesellschaft viel zu schnell klar, was gut und was böse ist. Wenn etwas böse ist, muss man sich damit nicht auseinander setzen. Diese Schwarz-Weiß-Einteilung, das ist etwas, was ich überhaupt nicht verstehe. Wenn mich etwas irritiert – Putin irritiert mich, die AfD irritiert mich – dann will ich das verstehen. Auch die Schlagkraft, mit der diese Phänomene in unsere Gesellschaft kommen.

**Warum willst du denn immer alles verstehen? Ist das Veranlagung?**
Nee. Überhaupt nicht. Das ist jetzt widersprüchlich, aber ich bin ein Mensch, der sehr schnell entscheidet. Der immer sehr schnell in Schwarz und Weiß eingeteilt hat und Schubladen zugemacht hat. Aber ich habe die Schubladen dann auch wieder aufgemacht. Ich musste meine Urteile oft revidieren.

**Hast du das an einem bestimmten Punkt besonders stark gemerkt?**

Als ich von 2013 bis 2015 für die Robert-Bosch-Stiftung in Russland als Kulturmanagerin gearbeitet habe. In Russland habe ich gemerkt, wie man aneinander vorbeireden kann, weil man sich nicht versteht, weil Begriffe für den einen etwas anderes bedeuten als für den anderen. Manche Russen haben zu mir gesagt: »Demokratie ist für Russland gefährlich!« Darauf habe ich wie ein guter Deutscher reagiert: »Moment mal! Alle müssen demokratisch sein!« Irgendwann habe ich verstanden, woher diese Aussage kam: Die meisten Russen verbinden mit Demokratie die Existenzängste, die Anarchie und den Raubtierkapitalismus der Neunziger-Jahre: Es gab keine Regeln, der Stärkste hat sich alles genommen, die anderen hatten Pech. Das will eine Mehrheit der Russen natürlich nie wieder erleben. Das war meine Initialzündung: Manchmal muss man Sachen hinterfragen, um beurteilen zu können, wie andere denken und handeln.

**Vor zwei Jahren bist du nach Dresden zurückgekehrt. Um das Sachsen-Verstehen zu üben? Oder was genau war der Grund?**

Ich bin 1998 nach der Schule weg nach Passau. Für mich war klar: Ich komme nie zurück. Weil Dresden für mich immer der sichere Hafen aus der Kindheit war; hier gab es keine Sorgen. Hier war immer nur alles schön. Aber dann war ich in Russland und setzte mich mit den Transformationsprozessen nach dem Sozialismus dort auseinander. Dann begann auch eine Auseinandersetzung mit der Vergangenheit meiner Heimat, mit meiner Herkunft, meiner Identität. Zur gleichen Zeit ging PEGIDA los.

>>>

**Aber du bist nicht direkt von Russland aus wieder nach Dresden gekommen.**

Ich lebte nach meiner Rückkehr im Herbst 2015 bis August 2018 fast ausschließlich in Stuttgart und arbeitete dort als Projektmanagerin in der Bosch-Stiftung. In Stuttgart war ich die Ossi-Erklärerin. Alle fragten mich über Dresden und PEGIDA aus: Was ist da bei euch los? Ich habe mich nicht gegen diese Frage gewehrt, sondern mich auch gefragt, was da los ist. Ich wollte das verstehen. Ich war aber nun schon 20 Jahre weg, nur ab und an zu Besuch, und die Medien halfen mir nicht beim Verstehen. Da ich aber mein Dresden so sehr liebe, möchte ich es verstehen und einen Beitrag gegen die gereizte Stimmung leisten. Deshalb kam ich zurück.

**Wieso bist du in die Johannstadt gezogen?**

In der Johannstadt bin ich wegen der Durchmischung. Wenn man sich Dresden anschaut, gibt es die Neustadt als Insel der Glückseligen, wo alle richtig denken und richtig leben – und den Rest. Johannstadt ist mein kleines Russland, hier leben so viele Menschen, die Russisch sprechen. Der Stadtteil ist beispielhaft dafür, dass verschiedene Menschen eng zusammenleben und doch keine Berührung miteinander haben. Man sieht eine Vielfalt auf den Straßen, die an sich wunderbar ist. Aber diese Lebenswelten kommen nicht zusammen. Das wünsche ich mir jedoch! Wie können wir aus den Erfahrungen, die jeder mitbringt, etwas Gemeinsames schaffen? Wenn ich hier im Stadtteil arbeite, kann ich Resultate sehen, ich kann Dinge bewegen. Im Stadtteil zu arbeiten, ist nicht ganz so groß, wie die Welt zu retten. (lacht)

**Und wieso bist du in einen Plattenbau gezogen? In der Johannstadt gibt es auch schöne Altbauten.**

Der Durchgang hier unten im Haus – hier habe ich mich in diese Platte verliebt. Es muss Herbst 2015 gewesen sein, als ich gerade zurückkam aus Russland. Ich bin hier unten durch den Durchgang gelaufen und habe Russland im Hinterhof gesehen.

**Wie meinst du das?**

Das sieht hier aus wie ein typischer russischer Hinterhof mit architektonischem Wildwuchs. Auf der einen Seite stehen die Garagen, auf der anderen Seite der Johannstädter Kulturtreff, früher ein DDR-Kindergarten. Viel Grün, ein Spielplatz, Wäscheständer, die auch tatsächlich noch genutzt werden. Dazwischen ein bisschen Altbau. Alles wild durcheinander. Aber eben grundsätzlich natürlich die Platte. Ich habe in Russland auch in der Platte gewohnt, dort ist das noch normal. Es ist auch so, dass die Leute dort immer noch gern in der Platte wohnen. Nicht so wie bei uns.

**Wie würdest du das Verhältnis der Menschen zur Platte bei uns beschreiben?**

Platte – das ist ein Schreckbild für die meisten. Als ich meinen Freunden und Bekannten erzählte, dass ich in einen Zehngeschosser ziehe, oder überhaupt in eine Platte … Die Wessis haben es ja gar nicht verstanden. Und auch die ostdeutschen Freunde meinten: Hä?! Das kommt für die meisten höchstens in Frage, wenn man gar keine andere Wahl hat, bevor man sonst auf der Straße zu wohnt. Aber ich bemerke, dass diese Einstellung sich wandelt. Wenn Freunde hier zu Besuch sind, finden sie meine Wohnung ganz toll, sind erstaunt über die Idylle und die Ruhe, das Grillenzirpen und die Kinder auf dem Spielplatz.

**Bist du eine Aktivistin?**

Ich sehe mich nicht als linke Aktivistin, die gegen rechts vorgeht, eher möchte ich Zusammenhalt befördern. Meine Haltung ist: Meine Liebe zu Dresden und den Dresdnern gilt erst einmal unbedingt. Und dann muss man mir erst einmal beweisen, dass man meine Liebe nicht verdient hat. Wenn man selbst Liebe empfindet und dann ist da so viel Hass – mir hat das weh getan, wie Menschen miteinander und übereinander sprechen. Von beiden Seiten hat mir das weh getan, von links und rechts.

**Treibt dieser Schmerz dich an?**

Es war wirklich immer so ein Stich im Herzen. Mir wird häufig Naivität vorgeworfen. Dass ich bestimmte Dinge nicht wahrhaben will: Es gibt böse Menschen und die sind verloren und die muss man bekämpfen. Und die Grenze, hinter der die bösen Menschen ihr Territorium haben, die verändert sich ständig, je nach Thema.

**Naivität – wer hat dir das vorgeworfen?**

Im Prinzip meine Mitstreiter, linke Aktivisten, engagierte Menschen in Dresden. Da begegnet mir häufig Unverständnis.

**Du machst ja mitunter auch Dinge, die für manche Menschen unverständlich sind. Zum Beispiel bist du zu der Veranstaltung von Susanne Dagen und Michael Schindhelm zur Bewerbung Dresdens als Kulturhauptstadt 2025 gegangen …**

Ja, da gab es im Vorfeld von bestimmten Menschen offene Briefe, Stellungnahmen, die anprangerten, dass Schindhelm dort auftreten würde. Der Tenor war: Wenn man Leute wie Dagen nicht ausschließt, dann machen wir nicht mit, wir lassen uns nicht zu Marionetten von Rechten machen.

**Du bist dann in den Buchladen von Susanne Dagen gegangen ...**
Es ist die Neugierde, die mich antreibt, meine Frage nach dem Warum: Was bezweckt Susanne Dagen? Was will sie von dem Austausch? Wie tritt sie auf? Aber ich habe mir dann schon Gedanken gemacht: Wenn da Fotos von mir im Netz landen – was passiert dann in meinem linken Dunstkreis?

**Ist etwas passiert?**
Nein, ich habe dann auch einige Linke im Publikum gesehen und dachte mir: Wenn die auch hier sind, kann mir nichts passieren. Da gab es auch eine Gegenveranstaltung. Die Leute um Susanne Dagen und Michael Schindhelm sind dann dort hin und wollten reden. Da wurde die Veranstaltung abgebrochen. Dialogverweigerung. Das fand ich symptomatisch.

**Die Menschen von der Gegenveranstaltung sagten sich: Wir reden nicht mit Nazis! Kannst du denn auch verstehen, dass Menschen diese Einstellung haben, wenn du doch alles verstehen willst?**
Ja, ich verstehe das. Es tut mir halt weh. Ich kann verstehen, dass man müde ist, dass man eine Sinnlosigkeit wahrnimmt und sich denkt: »Es ist sowieso alles verloren. Wenn wir um unsere Demokratie kämpfen wollen, dann müssen wir ›die‹ bekämpfen.« Aber genau dort sehe ich eine Gefahr: Die einen schieben dich weg – die anderen umarmen dich. Das ist meine Angst: Je mehr man Menschen aus einer moralischen Überlegenheit heraus wegschiebt – in den Augen des einen bist du minderwertig, verstehst die Sachen nicht, denkst falsch – und dann gibt es eine andere Gruppe, die sagt: »Wir nehmen dich, wie du bist! Hauptsache, du bist mit uns gemeinsam dagegen!« Da wird dann dieses Sich-Ausgestoßen-Fühlen das verbindende Element.

**Manche würden zu dir sagen, dass dein Verhalten gefährlich ist, dass es Appeasement ist!**
Ich habe keine Lust, mit Björn Höcke zu reden. Aber ich möchte fast jedem Menschen offen gegenübertreten und nicht alles an seinem ersten Satz festmachen, von dem ich noch nicht weiß, was er bedeutet. Es gibt Reizworte, Reizsätze, wo gefühlt klar ist, was da für ein Mensch dahinter steckt. Aber so ist es nicht. Ich habe da nicht Björn Höcke vor meinem inneren Auge, sondern eher den Dresdner als solchen, von dem ich noch nichts weiß.

**Zum Beispiel einen Johannstätter Plattenbau-Rentner, der sagt: Ich habe nichts gegen Weißrussen, aber ... ?**
Häufig sind es Verallgemeinerungen, Pauschalurteile, die nach dem »aber« kommen. Da werden mitunter auch persönliche Erfahrungen auf eine Gruppe übertragen. Eine Anekdote dazu: Eine ältere Dresdnerin kam bei einem der Projekte, an denen ich mitgearbeitet habe, auf mich zu und war sehr zornig. Bei dem Projekt ging es um Bürgerbeteiligung bei der Neugestaltung eines Areals in der Johannstadt. Ich fragte die Frau: »Was wünschen sie sich? Was soll hier entstehen?« – »Egal. Aber was wir nicht brauchen, das sind noch mehr Alis!« Sie berichtete mir, wie schlimm dreckig, gefährlich alles in ihrem Wohnblock sei, seit die »Alis« da sind. Ich habe ihr von Gegenbeispielen erzählt. Auf einmal legte sich bei ihr ein Schalter um: »Ja, auf meinem Gang, da wohnt so eine syrische Familie, die zeigen mir dann immer die Briefe vom Amt, die sie bekommen. Diese Briefe, die verstehe ja nicht mal ich!« Dann hat sie mir erzählt, dass sie im Grunde so eine Art Ersatzoma für die syrische Familie geworden ist. Das war für mich ein Beispiel dafür, dass »Gut« und »Böse« in einer Person enthalten sein können. Wenn da jemand ankommt voller Groll und man weiß nicht, wie sich das aufgebauscht hat – wenn du diesem Menschen dann mit moralischer Überlegenheit kommst – das ist ja im Grunde genau das, was dieser Mensch erwartet. Das ist das Standard-Verhalten der AfD: Sie provozieren – und ernten die Reaktion, die sie erwartet haben: Moralisch überlegene Verachtung. Die AfD weiß, dass sie abgelehnt wird – und sonnt sich darin, macht es sich darin gemütlich. Wenn man Menschen, die AfD-nahe Aussagen machen, nicht in diesem Muster bestätigt, dann sind sie irritiert: Wie? Ich werde jetzt nicht verurteilt? Wenn man einem Menschen mit ehrlicher Neugier gegenüber tritt und fragt: »Was ist in deinem Leben passiert, dass du so vor mir stehst?« – da fühlt sich der Mensch wahrgenommen.

**Du versuchst also, die Menschen zu verstehen. Und was bringt dir das dann, wenn du etwas verstanden hast?**
Ich sehe dann wieder die Menschen und nicht allein die Meinungen. Das ist der Wunsch, den ich für uns als Gesell-

schaft habe. Ich bin mir sicher, dass es bei fast jedem Menschen geht. Hass funktioniert nur, wenn man aufgehört hat, im Gegenüber einen Menschen zu sehen. Wenn man den Menschen sieht, kann man nicht so einfach hassen.

**In Dresden gibt es viel Hass. Braucht die Stadt Menschen wie dich?**
Ich muss zugeben: Ich bin ja schon hergekommen aus so einem Berufungs-Ding. (lacht) Ich hatte einen tollen Job in Stuttgart. Ich dachte, wenn ich irgendwo gebraucht werde, dann in meiner Heimat. Ich hab immer im Spaß gesagt, ich gehe nach Dresden, um es zu retten. Ob ich bei der Bosch-Stiftung in Stuttgart bin oder nicht, ist egal. Die haben da so viele kluge Menschen. Die brauchen mich nicht.

Aber aus Dresden komme ich und liebe es bedingungslos und habe eine Verbundenheit, die Menschen spüren und sich dadurch anders wahrgenommen fühlen. Dadurch sind sie eher bereit, eine Verbindung einzugehen. Dresden hat diesen Lokalstolz. Das Einzige, was der Dresdner mir vorwerfen kann, ist, dass ich weggegangen bin. Aber ich bin ja reuevoll zurückgekehrt. (lacht)

**Ich stamme nicht aus Dresden – und genau dieser Lokalpatriotismus und der Wunsch vieler Dresdner nach einer »Sonderbehandlung« nerven mich.**
Das ist so. Das ist ein Fakt. Ich finde das nicht gut, aber es ist so. Ich werde mehr akzeptiert als eine, die »keine von uns« ist. Aber ich bringe 20 Jahre Erfahrung aus anderen Kontexten mit. Ich bin beruflich westdeutsch sozialisiert, dort ging es sachlicher zu. In Dresden hingegen wird abgeklopft, ob man dazu gehört. Dresdner wollen die Verbindung spüren. Ich musste da irgendwann umschalten auf meine Russland-Erfahrung: Dort läuft das nämlich genauso.

**Liebst du Russland so wie Dresden?**
Es ist eine Hassliebe. Vielleicht ist das bei mir in Bezug auf Dresden auch so. Es ist irgendwas, das mich nicht loslässt, das hat mit Reibung zu tun.

**Hat dir die Reibung in Westdeutschland gefehlt? Oder gab es andere Reibungspunkte?**
Vielleicht habe ich da nie so eine emotionale Verbundenheit aufgebaut. In Russland habe ich das. Die Menschen haben mich so in ihren Bann gezogen. Russen sind extrem emotional. Ich habe sie in mein Herz geschlossen und zugleich extreme Scheiß-Erfahrungen gemacht. Zum Beispiel hat der russische Geheimdienst meine Projekte behindert, in meine Wohnung wurde eingebrochen und alles durchwühlt. Ich wurde fast paranoid; ich war froh, wieder ins geordnete Deutschland zurückzukommen. Aber wenn man eine echte Verbindung zu den Menschen in einem Land spürt, will man trotzdem verstehen, warum die Dinge so sind, wie sie sind.

**Hat Ostdeutschland mehr mit Russland gemeinsam als mit Westdeutschland?**
Die sozialistische Prägung verbindet den Osten mit Russland. Und die ist auch nicht mit der nächsten Generation weg. Das ist das große Missverständnis zwischen Ost und West: Wir sind nicht einfach »die Deutschen«. Wir sind sehr unterschiedlich. Das ist nicht schlimm – nur gab es dafür lange kein Bewusstsein.

**Sind die Probleme mit Migration, AfD und PEGIDA in Wahrheit Ost-West-Probleme?**
Auch. Wir im Osten durchlaufen eine nachträgliche Entwicklung: Der Osten sollte so werden wie der Westen. Das war das Ziel. Es gab zum Beispiel keine Verfassungsdiskussion. In dieser Nachahmung hatten die Ostdeutschen das Gefühl, dass sie schlechter sind: »Wir müssen so werden wie die anderen – und die anderen beurteilen unsere Entwicklung.« Daraus entstand ein Minderwertigkeitskomplex. Hinzu kamen all die Brüche, die die Ostdeutschen erfahren haben. Sie begannen zu hinterfragen: »Ist das wirklich der Weg, den wir wollten? Hätte es nicht doch eine Alternative gegeben?« Mittlerweile werden Kapitalismus, Neo-Liberalismus, Globalisierung nicht mehr nur von Ostdeutschen hinterfragt. Es geht darum, einen eigenen Stolz aufzubauen, nicht immer nur derjenige zu sein, der hinterherrennt. Oder sich vielleicht sogar abzugrenzen von diesem westlichen Modell.

**Wenn du jemandem illustrieren solltest, wie deine Arbeit konkret aussieht, wie würdest du das machen?**
Ich würde ein Beispiel nehmen, das Projekt »Sachsen im Dialog«, zu dem auch der »Demo-Slam« im Hygiene-Museum gehörte. Beim Demo-Slam bringt man zwei Menschen mit ganz unterschiedlichen Ansichten zusammen. Die beschäftigen sich drei Tage lang intensiv miteinander und entwickeln Verständnis füreinander. Das ist ein Prozess.

Am Anfang waren das bei uns sechs Menschen, die als Gruppe zusammenkamen und über Themen sprachen, die die Gesellschaft bewegen. Später dann wurden Zweier-Teams

gebildet, die sich austauschten. Diese sechs Menschen, die waren sehr divers, aber sie hatten den Wunsch, miteinander in Dialog zu treten. Deshalb hatten sie sich bei uns beworben. Es gab eine Vorstellungsrunde – und da stellte sich heraus: Unter den Teilnehmern hier ist einer aus der AfD dabei! Da war dann Sprachlosigkeit bei den anderen, Verunsicherung. Einer sagte: »Ich kann hier nicht frei sprechen, wenn so jemand dabei ist.« Totale Spannung. Sie konnten nicht miteinander reden, es gab einen Teilnehmer, der konnte dem AfD-Mann nicht einmal in die Augen schauen.

### Wie ging es weiter?
Sie haben in den Zweiergruppen zusammengearbeitet an verschiedenen Themen. Haben sich miteinander beschäftigt, begleitet von der Begründerin des demoSlam Evgeniya Sayko und einem Rhetoriktrainer, die sie beim Verständnisprozess gecoached haben. Auf einer sehr persönlichen Ebene. Nicht nur politische Diskussionen. Sondern: »Warum denkst du so, wie du denkst – warum denke ich so, wie ich denke? Was für Erfahrungen sind dahinter?« Dann haben sie eine Präsentation daraus entwickelt.

### Der Abschluss war die Veranstaltung im Hygiene-Museum …
Da standen dann die Zweierpaare auf der Bühne. Nach den drei Tagen hatten sie es grundsätzlich zumindest geschafft, miteinander zu reden. Es wurde niemand bekehrt und es war kein riesiges Verständnis da. Sie haben aber darüber gesprochen, wie schwierig es war, miteinander zu sprechen. Das war ein erster Schritt, überhaupt das Unvermögen zu thematisieren, sich miteinander auszutauschen. So gelang es ihnen, den Menschen im anderen zu sehen und eine Basis zu finden, um miteinander sprechen zu können.

### Wie hat das Publikum reagiert?
Wir hatten damit gerechnet, dass wir angegriffen werden würden, weil wir jemandem von der AfD eine Bühne gegeben haben. Als das Zweier-Team des AfD-Mannes dran war, war da Totenstille. Es war eine Spannung im Raum – man konnte eine Stecknadel fallen hören. Dann gab es zwei, drei Äußerungen aus dem Publikum. Der Tenor war dieser: »Wir hatten schon die Hoffnung aufgegeben, dass es möglich ist, wertschätzend miteinander ins Gespräch zu kommen und nicht aufeinander loszugehen! – Jetzt haben wir die Hoffnung, dass die Polarisierung wieder aufgebrochen werden kann!« Es gibt also ein Bedürfnis in den Menschen! Niemand will diesen Stellungskrieg – so hat es unser Moderator Cornelius Pollmer einmal formuliert. Alle sind müde, jeder will Frieden. Aber man hat die Hoffnung aufgegeben. Evgeniya Sayko und ich wollen u. a. mit dem demoSlam mehr Zusammenhalt in unserem gesellschaftlichen Spannungsfeld bewirken, dafür haben wir in diesem Jahr unsere eigene Firma, die »Magnet – Werkstatt für Verständigung« gegründet.

### Da wir miteinander befreundet sind, weiß ich, dass dir die Verständigung zwischen Menschen auch aus familiären Gründen am Herzen liegt.
Meine Schwester hat sieben Jahre lang in Mosambik gelebt und lernte dort den Vater ihrer mittlerweile vierjährigen Tochter kennen. Er kam mit ihr nach Deutschland, sie leben in Leipzig. Mein Schwager erlebt zum Beispiel sowas: Er läuft auf der Straße entlang, da wird ein Autofenster heruntergekurbelt und jemand ruft: »Hau ab!« Ihn hat das erschüttert. Sowas nagt an einem Menschen. Ich sehe auch, dass meine Nichte anders wahrgenommen wird als andere Kinder. Ich spüre, dass das etwas mit ihr macht. Auch vermeintlich positive Reaktionen – wenn Menschen sagen: »Och süß« oder ihr einfach so in die Haare fassen. Sie schreit dann: »Nicht anschauen! Nicht anfassen!« Sie spürt, dass sie anders wahrgenommen wird. Ich verurteile die Menschen, die das tun, nicht. Die meinen das ernst:

Sie finden meine Nichte mega-süß. Aber was bei ihr passiert, das ist Folgendes: Sie spürt, dass sie anders ist als alle anderen, dass sie »exotisch« ist. Niemand meint das böse, aber es tut ihr nicht gut. Sie wird nie als Deutsche wahrgenommen werden in der Gesellschaft, die wir jetzt haben. Und ich habe auch schon direkten Hass miterlebt. Einmal war ich mit ihr hier in Dresden im Dynamo-Fanshop. Da war ein Mann, der blickte sie so hasserfüllt an. Ich habe diese Spannung, diesen Hass regelrecht gespürt. Er sah nicht den Menschen in ihr. Ich habe gemacht, dass wir aus dem Shop rauskamen! Als wir an ihm vorbei liefen, sah ich, dass er ein Hakenkreuz-Tattoo auf dem Hals hatte. Ich will, dass das anders wird! Ich will daran mitarbeiten, dass meine Nichte ganz normal als Teil dieser Gesellschaft aufwachsen kann. Das ist auch ein Antrieb für meine neue Stelle, die ich in diesem Jahr im Hygiene-Museum angetreten habe als Migrations- und Diversitätsmanagerin.

### Was macht eine Migrations- und Diversitätsmanagerin?

Gemeinsam mit meinem Kollegen Moutaz Zafer erkunde ich, welche Wünsche und Erwartungen die verschiedenen Gruppen von Menschen, die in Dresden leben, an das Hygiene-Museum haben. Unser Ziel ist es, die Aktivitäten des Museums auch für migrantische Communities und ihre Perspektiven zu öffnen.

### Zuletzt noch eine Frage zu deinem privaten Streben nach mehr Vielfalt: Ich weiß, dass du seit einiger Zeit in seltsame Kneipen in fremden Stadtteilen gehst. Was hat es damit auf sich?

(Lacht) Wenn man immer schön unter sich bleibt, lernt man die Menschen nicht kennen! Ich habe hier in direkter Nachbarschaft eine Kneipe, in die ich mich nie reingetraut habe. Es ist die einzige weit und breit. Irgendwann haben ein paar Freunde und ich beschlossen: Wir gehen da einfach mal rein! Wir haben uns gesagt: Wenn wir in der Neustadt in die Kneipe gehen – da sehen alle aus wie wir. Aber hier in der Johannstadt ist das anders. Vor der besagten Kneipe hängt eine Dynamo-Fahne. Drinnen stehen Spielautomaten, Muskelmänner sitzen an der Bar, eine Dartscheibe darf nicht fehlen. Du kommst da rein und fühlst dich zuerst einmal nicht willkommen. Aber wir wurden ganz anders aufgenommen, als wir es erwartet hatten: Wohlwollend, familiär, warmherzig. Dann haben wir unser Schubladendenken verändert.

### Und jetzt erkundet ihr mit einer Art »Glücksrad«, an dem gedreht wird, per Zufallsprinzip die Kneipen?

Genau! Letztens waren wir in Niedersedlitz in einer Kneipe und wurden erst einmal beäugt. Ich suchte die Toilette. Da half mir plötzlich ein Mann, der allein am Tisch neben uns gesessen hatte. Sehr nett und aufmerksam. Dann war da ein anderer Mann, der war angetrunken und machte blöde Sprüche in unsere Richtung, er war sehr unangenehm. Als meine Freunde und ich Dart spielten, fragte ich den Sprücheklopfer kurzerhand: »Willst du mitspielen?« (lacht) Ich bereute es sofort ... Er sagte ja. Also spielten wir Dart und danach saßen wir noch zusammen. Er erzählte uns krasse Geschichten aus seinem Leben: Er hatte sein Kind verloren und viele andere Schicksalsschläge erdulden müssen. Wenn du diese Geschichten gehört hast, verstehst du.. Zum Abschied rief der Mann: »Ihr müsst unbedingt wiederkommen! Zuerst habe ich gedacht: Was ist denn das für eine Spießerbande? Aber ihr seid dufte, so wie ihr seid!« Wir öffnen mit der »Kneipengesellschaft« nicht nur unsere eigenen Schubladen im Kopf, sondern auch die der anderen! Wenn du dich selbst öffnest, öffnet sich dein Gegenüber. Ich habe also nichts gegen Schubladen – so lange sie auch wieder geöffnet werden können!

---

### JULIANE SCHIEMENZ

Als Kind, bei Ausflügen nach Dresden mit ihren Eltern, war für Juliane Schiemenz klar: Hier wollte sie einst leben. Als sie zum Studium in die Stadt zog, erlebte sie Dresden dann auch wie erträumt: grün, verspielt, beschützt, sommerlich, voller Freiräume. Aber sie fühlte auch: Je mehr sie selbst wuchs, desto kleiner und enger wurde ihr die Stadt. Eines Tages stand sie, wie viele Ostdeutsche, vor einer Entscheidung: Es würde nötig sein, nach Westdeutschland zu gehen, wenn sie bestimmte berufliche Ziele verfolgte.
Sie zog nach München, einige Jahre später nach Berlin, ging für einige Monate in die USA. Sie arbeitete als freie Journalistin für verschiedene Zeitschriften und Radiosender, wurde Redakteurin beim Schweizer Magazin »Reportagen«. Aber sie fühlte sich an keinem Ort heimisch. Dresden war ihre Heimat, für diese Erkenntnis hatte sie die Stadt verlassen müssen. Manchmal macht man eine Reise, um am Ende zu sehen, dass Start und Ziel identisch waren. Also ging Juliane Schiemenz zurück nach Dresden und arbeitet nun von hier aus weiterhin als Redakteurin und Reporterin für »Reportagen«. Ironie des Lebens: Sie wohnt wieder in genau jenem Haus, in dem sie wohnte, bevor sie Dresden verließ.

**MUSIK, DIE AUF DEM SEILE TANZT**

Text ✕ **Franziska Lange**

# MUSIK, DIE AUF DEM SEILE TANZT

Die vier jungen Musikerinnen der Band »Youkalí« verwandeln Gedichte jüdischer Schriftstellerinnen in Musik, die über Dresden hinaus im Ohr bleibt. Feministisch, klug und wunderbar klangvoll.

So ein Lüftchen bringt sie nicht ins Wanken. Mal wiegt sie sich zur einen Seite, mal neigt sie sich zur anderen. Fast wirkt es, als blicke sie weiter, als sie schauen kann. So, als staune die Seiltänzerin ein wenig über diese improvisierte Bühne unter ihr. Viele von ihnen hat die kleine Puppe schon gesehen. Das vergangene Jahr war voller Auftritte. Braunschweig erinnert sie, vielleicht auch Dresden, Mainz, Göttingen, Rostock, Augsburg, Wiesbaden, Regensburg oder Flensburg. Danach pandemiebedingt wochenlange Stille. Nun hat sie einen Weinberg in Radebeul zu Füßen. Und vier Dresdner Musikerinnen, die ihr musikalisch ein Seil zum Staunen, Lachen und in sich Gehen spannen.

Politische Kunst zu machen, sei dabei nie ihr Ziel gewesen. Und doch gelingt ihrer Musik ein Drahtseilakt, der besonders ist. Sie berührt über Altersgrenzen hinweg, gibt klassischer Musikbildung furiose Intuition an die Hand und bringt längst Vergangenes zauberhaft leicht und dabei umso mahnender ins Hier und Jetzt. Mit tiefsinnigen Texten, eigenen Kompositionen und glasklaren Stimmen spannen sie ein Seil von Dresden in die Welt. Und das ganz ohne Netz oder doppeltem Boden.

Ihre Basis ist Dresden. Die Stadt hat sie zusammengebracht. Schon im Musikstudium haben sie hier gemeinsam Musik gemacht und schon damals eigene Wege für sich gesucht. 2008 war das. Ziemlich eng gesteckt sind die Maßgaben im Studium, Zeit für eigene Projekte lässt der Unterricht an der Musikhochschule kaum. Und dennoch war die Leidenschaft für den Tanz auf dem eigenen musikalischen Seil schon damals größer. »Im klassischen Musikstudium ist es einfach nicht üblich, dass StudentInnen in eigenen Ensembles Musik spielen, die nicht zum klassischen Repertoire gehört. Wir haben uns damals mit Piazzolla Tangos schon weit aus dem Fenster gelehnt«, erzählen Tatjana Davis, Laura Härtel, Marie Hänsel und Elena Schoychet. Die vier jungen Frauen bilden die Band Youkalí.

So groß war die Lust, gemeinsam Neues auszuprobieren. »Nach dem Studium hatten wir das strenge Korsett schon ein bisschen abgelegt«, sagt Tatjana und meint auch die typische Frage nach dem Danach. »Alle StudentInnen haben ja die Bühne als Ziel, doch auf die Bühnen der Freien Szene werden wir als KlassikerInnen nicht vorbereitet«, erzählt Tatjana. »Ganz anders bei den Jazzern. Von ihnen wird schon an der Hochschule erwartet, dass sie ihr Eigenes in die Musik legen und komponieren.« Klassikern werde das dagegen im Studium kaum zugestanden, oft noch nicht einmal zugetraut. »Es ist einfach nicht gewollt«, bringt es Elena auf den Punkt. Und es liegt ein bisschen Rage in ihrer Stimme, eine Prise Witz, Mut und Eigensinn, die das Besondere von Youkalí erklärt.

  Die Bühne besteht aus grauen Planen, ausgebreitet im Kiesbett unter einem ehrwürdigen Ahorn. Ein Klavier, eine Klarinette, ein Cello, fünf Mikrophone und jede Menge Garten-Klappstühle aus Metall mit hölzernen Streben. Farbe blättert ab von ihnen. Ein roter Sonnenschirm, ein kleines Holzhaus, in dem Wein vom Weinberg ausgeschenkt wird. Die Grillen zirpen. Vielleicht 100 Gäste sind gekommen an diesem Freitagabend Ende Mai. Sie sitzen verteilt in den Gängen des Weinbergs. Die kleinsten von ihnen können gerade laufen. Ältere Damen und Herren haben es sich im Gras zwischen den Reben bequem gemacht. Um sie herum sind Familien gekommen mit Großeltern und Freunden, um dem musikalischen Tanz auf dem Seil zu lauschen. Es ist das erste Konzert von Youkalí nach zehn Wochen Shutdown.

  Ihre klassische Musikausbildung ist fest ins Programm der Band eingeschrieben. Cello, Klavier, Klarinette, Rhythmik und Gesang haben sie gemeinsam studiert. Wenn man so will, sind das ihre Wurzeln. Die Lust, die Welt mit wachen Augen zu sehen und mit eigenen Tönen zu würzen, dagegen der Stamm, der alles trägt. »Wir holen viele Elemente in unsere Musik«, sagt die 33-jährige Elena, »eine Kraft, die uns antreibt, ist die Frage nach der Rolle der Frau in unserer Gesellschaft«. Das Thema ist die Krone ihrer Musik. »Am Anfang haben wir noch Lieder aus den 20er- und 30er-Jahren für uns arrangiert und mit einer Geschichte verbunden. Damals hatten wir nur drei eigene Kompositionen dabei«, erinnert sich Elena. »Beim zweiten Programm wollten wir dann nur noch eigene Musik erklingen lassen.« Und so kommt es, dass ihre Lieder nicht mehr suchen, sondern emanzipierte Antworten liefern. Eine feministische Sicht auf die Dinge ist die Klammer, die ihre ersten Lieder mit den heutigen verbindet. Das Leben hat sie ihnen beschert.

  Ihre erste Tochter hat Tatjana noch im Musikstudium bekommen. Sie ist mit 34 Jahren die älteste der Band. Damals, 2012, war sie die erste im Freundeskreis, die Mutter wurde. Mittlerweile gehören fünf Kinder zu Youkalí. Nach dem Studium folgte für die gebürtige Stuttgarterin mit amerikanischen Wurzeln eine Auszeit in den USA. Gemeinsam mit der 1,5-jährigen Tochter und ihrem damaligen Freund ging sie als Klavierlehrerin an eine deutsche Schule nach San Diego – um schnell zu spüren, wie sehr sie Elena und Laura vermisste. Dabei war es nicht so, dass es ihr an Musik gemangelt hätte. »Wir haben dort tolle MusikerInnen kennengelernt, aber um ein eigenes Projekt zu starten, fehlten mir meine Mädels, die ich blind kenne.« Sie kam zurück. Im Gepäck hatte sie den Tatendrang, ein eigenes Ensemble zu gründen. Klavier, Cello und Klarinette standen dafür bereit, Elena und Laura ebenfalls. Was ihnen fehlte, war eine passende Stimme. Mit Marie als Sängerin und Jüngster im Bunde haben sie sie gefunden. 2015, nunmehr zu viert, fiel der Startschuss für Youkalí.

Noch knistert nur das trockene Gras. Dicke Wolken hängen tief. Himmelgrau. Die Sonne versucht ihr Glück, als die vier Musikerinnen an diesem Abend im Mai die Bühne betreten. Der Himmel reißt auf, die Gäste stecken erleichtert die Regenschirme ein. Die Seiltänzerin ist ganz ruhig, als steige die Spannung in ihr. Schließlich nimmt jedes Konzert seinen eigenen Lauf. So wie die Geschichte der Band.

An dieses verrückte Gefühl, das einen ganz ausfüllt, wenn man mit den richtigen Menschen auf der Bühne steht, können sich die vier jungen Musikerinnen noch genau erinnern. Nach ihrem ersten gemeinsamen Auftritt auf einer privaten Bühne beim längst Kult gewordenen Dresdner Stadtteilfest »Bunte Republik Neustadt« stand fest: Wir machen das weiter, und wir brauchen einen Namen. Danach brauchte es nur noch einen Morgen im Dresdner Café Oswaldz, Elenas Neugier für jüdische Kultur und die Inspiration durch Kurt Weills Oper aus den 30er-Jahren. »Wir haben uns fest vorgenommen, an diesem Morgen zu entscheiden, wie wir heißen wollen«, erinnert sich Elena. In Kurt Weills Liedzeilen ist Youkalí die Insel der Hoffnung und die Erfüllung der Sehnsüchte. Im Zweiten Weltkrieg galt Weills Lied »Youkalí« als heimliche Hymne der Resistance. Ein Name wie ein Motto und ein weiterer Pfosten für das Seil, das die vier mit ihrer Musik auch zwischen den Generationen spannen.

Marie stammt aus Radeberg, Laura ist in Radebeul aufgewachsen. Tatjanas Vater wurde in den USA geboren, sie selbst in Stuttgart, während Elena als 8-jähriges Mädchen mit ihren jüdischen Eltern aus der Ukraine nach Deutschland zog. Seit jeher interessiert sie sich für jüdische Kultur, auch wenn sie selbst nicht religiös ist. Es sind ihre Wurzeln, die sie inspirieren. Und so waren es die vom Alltag im Berlin der Weimarer Republik geprägten Zeilen der jüdischen Schriftstellerin Mascha Kaléko, die die vier Musikerinnen am Ende ihrer Suche nach einer thematischen Klammer für ihre Musik ankommen ließen. Mit gerade 22 Jahren schieb Kaléko von Krieg, Verlust, Einsamkeit und Heimatlosigkeit der ersten Hälfte des vorigen Jahrhunderts. »Trotz all der Schwere hat sie niemals ihren Humor verloren«, fasst Elena die Bewunderung für die Schriftstellerin zusammen, »alles, was sie sagt, ist mit einem Augenzwinkern verbunden. Durch die Beschäftigung mit ihr, sind wir ihr sehr nahegekommen. Fast so, als wäre sie eine Freundin.« Eine, die der Musik von Youkalí eine tiefere Ebene gegeben hat.

»Mascha Kalékos Gedichte sind so leicht, fast wie aus Versehen«, bricht Laura die Stille des Publikums. Die Seiltänzerin nickt beinahe wissend, dass jetzt ein Schatzkästchen die Regie übernimmt. Ein Kniff, der dem Papier eine ganz besondere Präsenz zuweist und durch das aktuelle Programm von Youkalí führt. Die Idee dazu lieferte Regisseur Nicola Bremer, der schon am Staatsschauspiel Dresden Theaterstücke inszeniert hat. Normalerweise darf das Kästchen durch die Reihen des Publikums wandern, heute bleibt es am Platz eines Kindes, das Zettelchen aus ihm zieht. Auf jedem stehen ein oder mehrere Gedichte von Kaléko, sie geben die Reihenfolge der Lieder und damit das Programm vor.

»Die Zeit steht still« eröffnet das Konzert. Während Marie, Laura und Tatjana die ersten Zeilen des Liedes gemeinsam anstimmen, zerknüllt Elena den Zettel. Im Takt der Musik, zerlegt sie ihn in Stücke. Das Reißen des Papiers ergibt sich geräuschvoll dem Rhythmus des Liedes. Papier, Musik und Worte werden eins. Vögel zwitschern, dazwischen das Zirpen der Grillen. Weit entfernt schnauft die

Lößnitzgrundbahn. In der Luft tanzen Melodien und holen die Alltagssorgen Kalékos auf den Weinberg ins Jetzt. Mal gehaucht, mal geflüstert, mal glasklar ins Publikum gesungen. Beim Lied über die Zensur, behält Marie das Papier singend im Mund. Laura rettet die Reste des Zettels und klammert sie der Seiltänzerin ans Seil.

Weil sie jüdische Kultur in ihrer Musik vertonen, hat der Zentralrat der Juden in Deutschland das Dresdner Ensemble im Jahr 2019 in sein Förderprogramm aufgenommen. Der Zentralrat bezahlt die Gagen der KünstlerInnen und schlägt ihre Programme seinen Gemeinden vor. Zuvor durfte aber das Dresdner Publikum mit ihnen Premiere und gleichzeitig die Veröffentlichung ihrer ersten CD feiern. Ein Moment, auf den die vier lange hingearbeitet haben. Dieses erste und selbst organisierte Konzert ihres Kaléko-Programms »Seiltänzerin ohne Netz« spielten sie im Mai 2019 in der St. Pauli Ruine. Konzerte in verschiedenen deutschen Städten schlossen sich an. Sie spielten in heiligen Synagogen, oft öffentlich und manchmal ausschließlich für Gemeindemitglieder. Eine große Chance, aber auch eine organisatorische Herausforderung.

»Wir hatten uns 2017 für das Stipendium beim Zentralrat der Juden beworben«, erzählt Elena, »als Mitte 2018 die Zusage kam, waren Laura und Tatjana gerade schwanger und wussten, wenn die Tournee 2019 starten wird, würden beide Babys schon auf der Welt sein.« Keine leichte Entscheidung! Auf Tour gingen die Musikerinnen dennoch – mit den beiden Babys, Männern und Organisationstalent. Für alle ist Youkalí ein Herzensprojekt, ihren Lebensunterhalt verdienen sie lehrend und musikalisch. Sie unterrichten SchülerInnen an ihren Instrumenten. Marie ist als Sängerin fest angestellt an der Oper in Chemnitz. »Das ist schon sportlich, aber wir kennen das kaum anders«, sagt Tatjana, die in einer Musikerfamilie aufgewachsen ist. Ihre beiden Eltern sind freischaffend tätig, das prägt. Auch ihr Freund und Vater ihrer zweiten Tochter ist Trompeter bei der »Banda Internationale«. Musik ist immer da, nur zu Hause braucht Tatjana Stille. Als Ausgleich, und um komponieren zu können.

Ab und an nicken die Köpfe im Publikum. Sie geben sich hin im Takt der Musik »Mein Leben war ein auf dem Seile schweben«, singt Marie und wenn es sich so anfühlt, als säße Mascha Kaléko hoch oben im Ahorn, dann ist alles richtig. Nach ihrem Vorbild haben die vier Musikerinnen die Seiltänzerin extra anfertigen lassen. Auf ihre Bühne kommen nur Frauen. Klavier, Cello, Klarinette und Melodika übernehmen abwechselnd die Führung. Dazwischen Shaker, Cabasa und ab und zu die Klänge der Kalimba. Das typische Tröten der Kazoo befördert das Publikum direkt in einen Jazzklub der 1920er-Jahre. »Dass alles so stimmig klingt, liege vor allem an Kalékos Gedichten«, sagt Tatjana. »Ihre Zeilen sind so musikalisch, dass die Musik von ganz allein zu ihren Worten kam.« Zu Beginn hatte sie einige melancholische Gedichte vertont. Das sei viel einfacher als beschwingte, erzählt Tatjana, die alle Melodien zu den Liedern der Band selbst komponiert.

In ihren Gedichten nimmt es Kaléko mit allen Facetten ihres nie leichten Alltags auf. Um sich ihnen anzunähern, halfen Tatjana Gespräche mit der Dresdner Mascha-Kaléko-Kennerin Julia Meyer, die ihr die Schriftstellerin als Kabarettistin durch und durch beschrieb. »So traute ich mich auch an beschwingte Vertonungen von Kalékos Gedichten, die auf den ersten Blick zwar gar nicht so fröhlich klingen, aber den Witz durchaus zwischen ihren Zeilen tragen.« Oft fließen ihr die Melodien zu, sagt Tatjana, so als wäre das Komponieren ganz einfach. Und tatsächlich habe sie ganz zufällig dazu gefunden, erinnert sie sich. Während ihrer Schwangerschaft und später zwischen Windelwechseln und Stillen, mitten im turbulenten Familienalltag mit Baby hat sie die Musik für das Kaléko-Programm aufgeschrieben und überraschend entdeckt, dass das Finden und Arrangieren der Musik Gaben sind, die ihr liegen. Ohne je Komposition studiert zu haben. Die Töne kämen zu ihr, beschreibt sie das. Dann steht der Gedichtband auf dem Klavier. Sie liest und lässt die Finger gleichzeitig jene Stimmung spielen, die der Text vorgibt. Meist findet sie so die Tonart und arbeitet sich dann Stück für Stück voran. Einzig bei dem Lied »Heimweh wonach« sei es umgekehrt gewesen. Da war diese Melodie, die sie schon auf dem Klavier spielte, seitdem sie 15 ist. »Als ich das Gedicht zum ersten Mal las, hatte ich direkt diese ›alte‹ Musik im Ohr«, erinnert sie sich. So entstehen Stücke voller Sprachwitz und Klugheit, irre stark und doch zart, mahnend und zerbrechlich.

»An solchen Tagen erklettert man die Leiter, die von hier bis in den Himmel führt«, singt die 29-jährige Marie, die Seiltänzerin im Ahorn wippt im Takt der Musik. Wie oft sie in diesem Jahr noch tanzen darf, ist nicht ganz sicher. Die Pandemie macht jeglicher Konzertplanung einen Strich durch die Rechnung. Viele Festivals, auf denen sie spielen wollten, seien weggefallen, erzählt Elena. Aber der Auftritt beim Kurt Weill Fest 2021 könnte klappen. Außerdem laufen gerade Gespräche. Wenn es klappt, treten sie 2021 als Vorband von Dota auf. Bis dahin arbeiten die vier Musikerinnen an ihrem neuen Programm. Dieses Mal wollen sie unter anderem die Texte der Jüdin Lili Grün vertonen. Wie schon bei Mascha Kaléko sind es die Töne und Stimmungen zwischen den Zeilen, die sie anspornen, diese Gedichte in Musik zu hüllen – gerade in Dresden. »Wir hatten nie den Ansporn politisch zu sein«, blickt Tatjana zurück, »aber in den Gedichten aus den 20er- und 30er-Jahren finden sich so viele starke Bezüge zu heute. Das hat unseren Kampfgeist geweckt.« Sie wollen mutig vorangehen und zeigen, wie interkulturell, bunt und reflektiert die Kultur aus der sächsischen Hauptstadt sein kann.

»Und dennoch tanz ich und will gar nichts wissen. Teils aus Gewohnheit, teils aus stolzem Zorn«, geben Mascha Kalékos Worte die Liedzeile vor. Musik wie ein Motto. Der Seiltanz im Weinberg neigt sich dem Ende. Ans Gehen mag keiner im Publikum denken. Der Geist der Goldenen Zwanziger schwebt noch durch den Weinberg. Und beinahe sieht es so aus, als lehne sich die Seiltänzerin hoch oben im Ahorn zufrieden zurück.

---

## FRANZISKA LANGE

Wurde 1985 im westlich von Dresden gelegenen Vogtland geboren, das einst in längst vergangenen Jahrhunderten durch die Tuchmacherei Ruhm erlangte. Ob das Interesse an guten Stoffen derart in ihren Genen verankert wurde, ist indes ungeklärt. Verbrieft ist aber, dass die Autorin im Jahr 2013 nicht nur die Erste war, die über eine diplomierte Architektin schrieb, die in einem kleinen Atelier im Dresdner Hechtviertel sitzend an einer neuartigen Stoffwindel tüftelte, sondern auch, dass sie sich inmitten der Oppitz'schen Stoffballen mehr als wohl gefühlt hat. So wohl, dass sie nach einem erfolgreichen Germanistik- und Geschichtsstudium, Stationen als Chefredakteurin der ehemaligen Hochschulzeitung »ad rem«, als Journalistin bei der »Sächsischen Zeitung« und nach drei eigenen Kindern – übrigens allesamt Stoffwickelkinder – mittlerweile selbst größtenteils Stift und Notizblock gegen die Nähmaschine eingetauscht hat. Mit ihrem Textillabel »von Lange Hand« macht sie sich auf den Weg zu den Wurzeln ihrer Stoffleidenschaft, entwickelt Schnittmuster, schreibt Nähanleitungen zum Nacharbeiten und arbeitet gerade an ihrem ersten Buchprojekt.

LEBEN UND LEBEN LASSEN

Text ✕ **Una Giesecke**

# LEBEN UND LEBEN LASSEN

Respekt und ein unaufgeregtes Zugehörigkeitsgefühl sprechen aus dem Chor der Stimmen rund um den Martin-Luther-Platz.

Der 81 Meter hohe Martin-Luther-Kirchturm setzt eine Landmarke. Aus der Luft und auf dem Stadtplan sieht man das Kreuz auf dem Platz, der wie ein überbreiter Querbalken eines H zwei Senkrechtstriche verbindet. Die stehen auf der ansteigenden Bautzner Straße, das Ostbein ist kürzer: die Pulsnitzer. Ein Name, der Pfefferkuchenduft verspricht. Und Kuchenduft hält. An der Ecke führen Stufen in den Verkaufsraum der »Kuchenglocke«. Hinter Glas lockt veganes Eis,

aalen sich appetitliche Törtchen in den begehrlichen Blicken einer Kundschaft, die für Qualität und gutes Gewissen beim Genuss gern was drauflegt. »Wegen der Offenheit gegenüber Bio hatten wir uns 2015 bewusst die Neustadt ausgesucht«, erzählt Konditormeister Martin Heller. »Und wir wollten das atmosphärische, denkmalgeschützte Ambiente.« Im Keller steht noch eine gusseiserne Ofenklappe aus der Bauzeit der Pulsnitzer Straße 1. Schon 1896 buk hier ein Reinhold Falz das tägliche Brot für die Antonstädter. Zurück zu den Wurzeln? Martin Heller nickt. »Meine Urgroßeltern hatten in der Martin-Luther-Straße ein Feinkostgeschäft.« Das Adressbuch von 1944 erwähnt in der Nummer 35 den Kaufmann Konrad Zeh mit seiner Lebensmittelgroßhandlung. »Er wollte immer, dass seine Tochter, meine Oma, Konditor lernt und ein Café eröffnet – zwei Generationen später hat's geklappt«, strahlt der 32-Jährige stolz auf die Tradition seiner Konditorendynastie aus Leubnitz, die 1990 Biovorreiter ihrer Branche wurde und deren Fotos die Wände schmücken. Die familiäre Atmosphäre samt durchdachter Spielecke zieht junge Eltern an. Ehemalige Studenten, die gute Jobs gefunden haben und hier geblieben sind. »Wir haben selbst zwei Söhne, die hier in Schule und Kita gehen, weil wir bis vor Kurzem noch im Haus gewohnt haben. Aber kein Garten, kein Balkon – deshalb sind wir jetzt ins Grüne gezogen.« Natürlich grüßt man sich weiterhin auf dem Nachhauseweg, beim Angeln der Elb-Barsche oder zum Feierabendbier, während man den Turmfalken zuschaut.

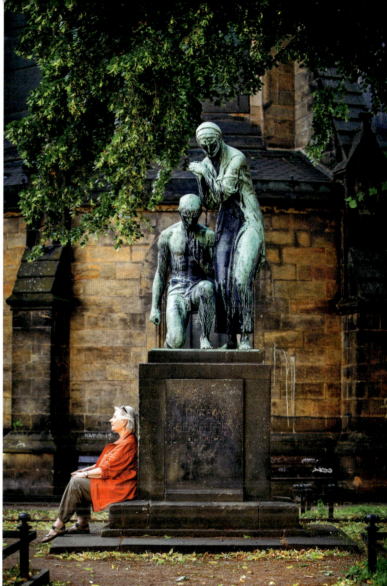

Auf deren Ersatzfelsen weisen Guckrohre – eines für die Großen, eines für die Kleinen – vom Vorplatz hinauf. Auf dem Kirchturm residiert alljährlich ein Brutpärchen. Nur in den Siebzigern kreisten mehr Greifvögel über dem verfallenden Gründerzeitviertel, dessen bröckelnde Fassaden Nistgelegenheiten boten und dessen Brachen Biotope für schmackhafte Mäuse, Maulwürfe und Insekten bildeten.

In den Nischen des heruntergekommenen Altbaugebiets sammelten sich damals allerhand bunte Vögel, Aussteiger und Studenten, die sich im Leerstand einnisteten. Die lächerliche Miete zahlte man auf ein Sperrkonto, denn die Verwaltung lehnte es ab, Schwarzbezug zu legalisieren. Man schlief auf Matratzen am Boden, hatte weder Wanne noch Waschmaschine und fühlte sich doch geborgen unter seinesgleichen in der Atmosphäre morbiden Charmes. Die Tristesse trank und feierte man sich mit Freunden bunt.

Wie bunt, erzählt Hanne Wandtke. Sitzt lächelnd bei einem Kaffee in der »Kuchenglocke«, wo ihr Porträt hängt, weil die Tänzerin von 1983 bis zur Sanierung im heutigen Gastraum wohnte. »Wir waren eine richtige Boheme-Clique«, beschreibt die 80-Jährige ihren stasi-überwachten Freundeskreis, »organisierten 1985 ein erstes privates Platz-Fest, stellten Badewannen zum Planschen für die Kinder raus und sind zu zwölft auf dem Trabi von Orgelbauer Christian Wegscheider Kreise um die Kirche gefahren. Wir hatten unser Gaudi. Es hat höllischen Spaß gemacht, den Wachtmeister (ABV) an der Nase herumzuführen.« Nebenan betrieb Wanda die Galerie autogen. »Zu einer Vernissage von Gudrun Trendafilov spannte ich Wäscheleinen über die Straße, performte ›elegant‹ zu klassischer Musik, hängte Obst und Gemüse auf. Ein Zuschauer murmelte: ›Wo hat die plötzlich solche Brüste her?‹ Da holte ich die Pfirsiche aus dem selbstgenähten Kostüm heraus.«

Das Tanzen ließ sich auch eine Herta bis zum Schluss nicht nehmen. Das Original saß den ganzen Tag mit Katze, Bier und Zigarettchen am Fenster, erinnert sich Bar-Holda-Wirt Micha. »Sie war 80, die Freundin 90, die zwei haben gern Schnaps getrunken, auf dem Tisch getanzt und Brustvergleich gemacht. Am herrlichsten war es, wenn Herta ein Taxi rufen wollte, statt die 20 Meter nach Hause zu laufen. Wir haben sie am Schlawittchen heimgeführt.« Michael Schröter kennt seine Stammkunden mit Vornamen, duzt sie. »Außer die, die mich über Mundpropaganda ansteuern, klassische Spaziergänger oder Gäste aus den umliegenden Pensionen. Es ist lustig, mal ganz Fremde da zu haben.« Denn die meisten sind Nachbarn, kehren regelmäßig ein. »Vom Doktor bis zum Arbeitslosen versteht und hilft man sich, macht was zusammen, wie es sich gehört und früher normal war«, findet der 46-Jährige. Ehemals Pigs- und Kaltfront-Schlagzeuger, heute beim TSO, ist er bekannt wie ein bunter Hund. Seit 2010 verkauft er selbst gebrautes Lößnitzpils und verbreitet gute Laune. »Ich hab Glück mit dem Platz, der für mich der schönste in der Neustadt ist, weil er inzwischen viel belebter ist als vor zehn Jahren. Im Sommer bauen die Nachbarn die Tischtennisplatte auf, die Leute kommen unter den Bäumen um den Kugelbrunnen herum schnell zum Hinsetzen und Quatschen.« Wasser zieht Menschen wohl magisch an, bringt sie in ihre Mitte.

Denn im A-Park und am Assi-Eck geht es aggressiver und lauter zu, da weicht manch einer hierher aus. »Durch die Verkehrsberuhigung hab ich wieder so ein Glück gehabt: mehr Raum für Außenplätze«, freut sich Micha. »Ich hab Profigäste, die bleiben cool und kommen nach zehn freiwillig rein. Ich hab keinen Bock auf Stress, versuche friedliche Koexistenz, Erwachsene verstehen das. Und ich hatte einen Deal mit Ecki, wir durften zur Corona-Zeit auf die Kirchenstufen, wenn wir sie sauber hinterlassen.«

Der Erwähnte ist kein Geringerer als der »Herr Pfarrer«, der so nicht genannt werden will. Fragt man Eckehard Möller nach der Holda, leuchten die Augen des Mittfünfzigers auf: »Das sind meine Leute, da trifft man sich, macht Politik im Kleinen.« 1990 im ehemaligen Altstoffhandel als Lutherklause eröffnet, bevor drei Jahre später das Ma Cheri einzog, sollte die Bar Holda im Luther-Jahr etwas beitragen. »Für 2017 haben wir mit Micha überlegt, wie man an mittelalterliche Brautradition anknüpfen könnte. Herausgekommen ist ein unfiltriertes, unpasteurisiertes Luther-Bier. Es war an einem Wochenende ausgetrunken.« Hinterm Tresen und in der Kirche zeigt ein altes Foto die Kirche im Bau und ringsum Kleingärten.

Das war 1883 im 400. Geburtstagsjahr des Reformators. Dresden erlebte einen Jubiläums-Hype mit Umzügen, Festveranstaltungen, dem Denkmal auf dem Neumarkt. Auf der Neustädter Elbseite bildeten Straße, Platz und Gotteshaus den bürgerlichen Schulterschluss um den gemeinsamen Nenner Luther, der nach dem Sieg über Frankreich 1871 im Mutterland der Reformation zur Integrationsfigur wurde. Vier Jahre später hatten die Antonstädter, bislang zur expandierenden Dreikönigsgemeinde gehörig, ihr eigenes Gotteshaus. Dessen Neostil entstammt einem Wettbewerb von 35 Architekten aus sechs Ländern, den Siegerentwurf eines Belgiers arbeiteten die Dresdner Baumeister Giese und Weidner ein. Seither tut im Inneren eine Jehmlich-Orgel ihren Dienst. »Die aus vielen Generationen stammenden Register konnten in eine harmonische Beziehung zueinander gebracht werden«, sagt man über den Klang.

Friede, Freude, Eierkuchen? Aufs Straßenschild ist »Sexist, Rassist« geschmiert. Den steinernen Namenspatron erspäht man in voller Lebensgröße am Erker über dem Portal des Gemeindehauses. »Er ist oft angeeckt, ich auch«, meint Ecki versöhnlich, der hinterm Fenster seinen Schreibtisch hat. »Ich vergebe ihm. Er war auch nur ein Mensch, den wir nicht in den Heiligenstatus erheben, sondern von dessen Fehlern wir uns distanzieren sollten.« Auf der Beletage, 300 Quadratmeter inklusive Dienstmädchenkammer, wohnte einst nur der Pfarrer. Heute ist das Stockwerk in Amtsräume und wesentlich kleinere Dienst-Mietwohnungen aufgeteilt.

Eckehard Möller ist gelernter Zimmermann. »Als der Turm eingerüstet war 2016, bin ich oft mit den Zimmerleuten bis zur Spitze hochgestiegen«, erzählt er stolz. »Wir sprechen die gleiche Sprache, haben in der Holda zusammen

Bier getrunken, die drehen mir keinen Pfusch an.« Nachts habe ihn mehrfach die Polizei geweckt, um illegale Kletterer runterzuholen. »Die ersten waren zwei Damen in Stöckelschuhen mit Sekt in der Hand nebst Gigolos.«

Ganz legal gelangt man auf den Turm zu den Öffnungszeiten. Oder zum Interviewtermin mit dem Superintendenten, der auch in der Nummer 5 wohnt. Mit Picknickkorb eilt Albrecht Nollau die 80 Steinstufen der engen Wendeltreppe hinauf zur Uhrenstube. Hier also pocht in einem großen Glaskasten das Kirchenherz, heimlicher Taktgeber der Neustadt, der zuverlässig kündet, was die Stunde geschlagen hat. Zu jeder vollen gongt ein Hammer an die tiefste der drei Glocken mit ihrem runden d¹. Täglich um 19 Uhr ist diese auch im Geläut zu hören, morgens um sieben erklingt die kleinste in a¹. Die bronzene von 1920 mit ihrem warmen fis¹ ertönt mittags und hält den D-Dur-Dreiklang zusammen.

Ein zweites Schlagwerk bedient die Viertelstunde. Früher zog der Küster die Gewichte täglich von Hand auf; 1939 übernahm ein Elektromotor diese Arbeit. Alle 15 Minuten unterbricht er geräuschvoll den Gedankengang im Oberstübchen, dem heutigen Turmcafé.

Albrecht Nollau springt auf und öffnet die Balkontür. »Der Blick von hier oben ist großartig: bis Meißen.« Er zeigt auf die winzige Doppelspitze des Doms am Horizont. 30 Kilometer Luftlinie bis zur Predigtkirche des evangelischen Landesbischofs. »Ich durfte bei seiner Weihe 2020 dabei sein und war fünf Sekunden in der Tagesschau.« Das ARD-Studio erreicht auch jene Menschen, die er – der Kirchenmann in Zivil blickt auf den Neubaublock gegenüber – nur hinter Gardinen ahnt, im Unterhemd vorm Bildschirm. Ob sie den Blick aus dem Fenster wenden, wenn die Turmbläser Posaune, Horn und Trompete ansetzen? Weiter oben ist die Aussichtsplattform. »Die 200 Stufen flitze ich gern mal hinauf«, blitzen die lebhaften braunen Augen hinter der freundlich runden Brille. »Aus 40 Metern Höhe hat das winzige Gewusel etwas Verspieltes. Die Geräusche dringen gedämpft herauf, der Blick schweift über die emporstrebenden Eichen und Dachgärten zu den Bahnhöfen bis zur Elbbiegung – das ist Stadtgefühl, das ist Weite!« Diese Luft brauche er zum Atmen, sagt der 57-Jährige. »Mein Lieblingsplatz ist aber am Altar.« Im Schiffsbauch sitzt Albrecht Nollau gern allein unter der Sternenhimmeldecke. »Ich genieße das Lichtspiel, die Farben und Spiegelungen, die Höhe des leeren Raums – das ist Luxus mitten in der verdichteten Stadt.«

Am dichtesten freilich ist das Gewühl zur Bunten Republik Neustadt. Dann leidet jenes ältere Ehepaar, das jeden Morgen zwischen sechs und sieben die Hochbeete auf dem Vorplatz gießt, wenn die Pflanzen an einem Stadtteilfest-Wochenende zertrampelt werden. Die Geschichte der BRN bewahrt Dresdens kleinstes Museum um die Ecke in der Prießnitzstraße 18. »Von den Krawallen früher hab ich erst im Radio gehört«, meint Nollau. »Hier geht es friedlicher zu, vielleicht weil die Fassaden keine Schlupflöcher haben.« Respekt gebietet auch eine witzige Kachel hinterm Gotteshaus, die Wildpinklern mit dem Sensenmann droht.

Dort treffen sich manchmal Jugendliche, die dem Spielplatz entwachsen sind, um ihre Ruhe zu haben. Leben und leben lassen, hört man aus jedem zweiten Munde an einem Platz, wo das Denkmal der Gemeinde an ihre Gefallenen des Ersten Weltkriegs mahnt. Geschlossene Schulklassen des Knabengymnasiums an der nahen Holzhofgasse waren 1914 euphorisch für Kaiser und Vaterland losmarschiert. Nur wenige der Jungs kehrten zurück. Statt der üblichen heroischen Monumente stellte August Schreitmüller 1921 eine trauernde Mutter dar, deren Sohn das Schwert niederlegt. Konsequenterweise verschwand es irgendwann ganz. Ersetzt hingegen wurden zwei Kirchenglocken, die man zu Kanonenkugeln eingeschmolzen hatte, 1951 wurden sie neu aus Stahl gegossen. Da war der braune Spuk besiegt, gegen den die SPD noch 1932 auf Liste 1 kandidiert hatte, wie eine Wahlwerbung gegenüber bezeugt.

Ohne Waffen Ruinen schaffen, spottete der Volksmund bitter am Ende der DDR-Zeit. Die Wende spülte schließlich Immobilienhaie ums Kirchenschiff. Hanne Wandtke erinnert sich an einen Wildost-Investor der ersten Stunde. »Er hatte hier mehrere Häuser gekauft und alle rausgeschmissen. An den Fassaden stand: ›Das Schwein hat einen Namen – P.‹ Wanda hat ihm das Schlüsselbund vor die Füße geknallt. Ich hab mir Hilfe bei der Mieterberatung der IG, bei Detlef Pflugk, geholt.« Die Interessengemeinschaft Äußere Neustadt hatte ihr erstes Domizil 1989 an der Ecke zur Böhmischen Straße. Im ehemaligen Büro des Wohngebietsparteiorganisators hing noch ein Honecker-Bild an der Wand, im Schaufenster eine Adressliste zum Leerstand. Rund 200 Graumieter, die vielerorts den Verfall gebremst hatten, erhielten durch Vermittlung der Bürgerinitiative noch einen gültigen DDR-Mietvertrag.

Hier speist man heute gepflegt im Lloyd's. Die Veröffentlichung von Listen mit Schiffsinfos machte im 17. Jahrhundert jenes Londoner Kaffeehaus berühmt, wo Leute verkehrten, die mit der Seefahrt zu tun hatten. An gediegenen British-Empire-Stil knüpfen Teekarte, Kronleuchter, Kaminzimmer und Handbibliothek an. Kein Diogenesclub, aber ein Ort, wo mal keine Probleme gewälzt werden, sagt Daniel Herde, seit 2008 Bereichsleiter. Nicht nur der seriöse Rückzugsort lockt Gäste aus ganz Dresden, Europa, China und den USA an, sondern auch das besondere Konzept der Mannschaft an Bord. Diskret erklärt die Speisekarte allen, die sich wundern, wenn vielleicht Sonderwünsche nicht auf Anhieb verstanden werden, dass die evangelische Behindertenhilfe hier für Menschen mit Handicaps Arbeitsplätze geschaffen hat. »Die meisten kommen aus sozial schwachen Verhältnissen und haben sich kommunikativ durchaus entwickelt«, findet 43-jährige Chef. »Ich reite nicht auf ihren Schwächen herum«, erklärt der pädagogisch geschulte Gastronom seinen Erfolgskurs, »sondern begleite ihr Training durch leichte Überforderung.« Wenn der Käpt'n mal Zeit hat, über die Reling zu schauen, empfindet er das Treiben der

kleinen und großen Fische im urbanen Raum als wohltuende Bereicherung. Noch schöner wäre es mit Urban Gardening. Ihm genügte es schon, wenn jeder gefällte Baum ersetzt und Sperrmüll schneller entsorgt würde.

»Schrott laden leider dumm-dreiste Leute vor meinem Tauschschrank ab«, bedauert Christoph Colditz den Missbrauch der guten Idee. Denn damit hat der 27-jährige 2019 das wilde Verschenken nützlicher Dinge legalisiert. »Im öffentlichen Raum braucht es eine Erlaubnis, kostet Sondergebühren. Ich hab André Barth angesprochen, nicht jeder Stadtbezirksamtsleiter ist so cool. Er hatte einen Stahlschrank ausgemustert und fragte den Pfarrer, ob der auf Kirchengrund stehen dürfe. Der Ecki ist auch ganz locker. Gestaltet haben den Schrank dann Mädchen in einem Diakonie-Workshop.« Ohne Spendenbox oder Schließzeit, knapp und klar geregelt, tauscht sich in gefühlt 24 Stunden der Inhalt – von Kleidung und Postkartensammlung über Chemiebaukasten und vollen Einweckgläsern bis zu Büchern und Spielzeug – komplett aus. Rasta- oder Punkfrisuren bewegen sich davor ebenso wie anonyme Helfer, die wieder Ordnung schaffen. »Nachts, wenn sie sich unbeobachtet fühlen, kommen Obdachlose«, sagt Colditz von der Rosa-Luxemburg-Stiftung in der Nummer 21.

Dort hält auch Katja Kipping regelmäßig Sprechstunde. »Als es noch Club für dich war, hab ich mal einen Chansonabend erlebt«, blickt die linke Politikerin gern zurück. Dass die Stasi den Club überwacht und das Volk vorm Fenster beobachtet haben soll, »hab ich nicht gewusst«, zuckt die 42-Jährige die Schultern. »Heute listet der BND fein säuberlich alle Versammlungen auf, an denen ich offiziell teilnehme.« Als Gegenmodell zur Ich-AG der Ellenbogengesellschaft gründete sich 2005 hier eine solidarische Wir-AG. Mit Luther vor der Nase? »Ich bin konfessionslos«, antwortet Kipping entspannt, »aber achte die Kirche, weil sie Werte hochhält, für die wir auch kämpfen: gegen Rüstungsexporte und für Abrüstung.« Mit dem Glockenschlag im Ohr? »Ist doch ein schönes Ritual, ich muss um 19 Uhr nicht um Ruhe bitten, der Geräuschpegel geht von allein nach unten.« Warum ihr Büro nicht am Brennpunkt Prohlis oder im Wahlkreis Altstadt steht? »Die Leute hier sind sympathisch, nicht so geschniegelt. Ein Bundestagsabgeordnetenbüro muss nicht klinisch clean sein, das Leben ist es auch nicht. Bitte kein Disneyland wie am zuckrigen Neumarkt!« Von der Neustadt ist die geborene Dresdnerin schon von der ersten BRN an fasziniert. »Ich hab 1990 als Zwölfjährige auf der Straße getanzt, später die erste Hausbesetzung an der Köni erlebt. Jetzt werden die Bars schicker, die Leute ziehen weiter. Ich hoffe, dass ein Mietendeckel kommt wie in Berlin, damit Charakter und Vielfalt erhalten bleiben.«

Von Eigentümern mit Herz kann Hanne Wandtke berichten. »Eines Tages stand das neue Besitzerehepaar vor meiner Tür, hatte Geld geerbt und war im Katalog auf die Adresse gestoßen. Sie versprachen, ich könne bleiben, und kamen mir mit der Miete entgegen.« Anderthalb Jahre lang hatte die Professorin auf der Baustelle gelebt, oft ohne Strom und Wasser. »Nachts stiegen manchmal Leute übers

Gerüst ein, aber bei mir war nix zu holen. Ich war die letzte Verbliebene mit Katze Bagira im Haus.« Sie zog schließlich unters Dach, »wo ich bis heute in der prägnanten Pulsi 1 lebe«.

Das Kuchenglocken-Haus gehört fest zum Universum Neustadt, wie es Albrecht Nollau liebt. »Mit Heinz Kahlau gesprochen: Ich muss gar nicht überall hin, aber es können dürfen.« Aus dem Geist des Mit- statt eines Neben- oder gar Gegeneinanders hatte sich spontan die BRN proklamiert; ungenehmigt fand sie 1994 in kurzfristiger Privatinitiative auf dem Martin-Luther-Platz statt, die Leute kehrten selber die Straße. Bald aber besiegten Kommerz und Behörden, Radautouristen und Staatsgewalt den Ursprungsgedanken. »Einmal saßen wir auf dem Fensterbrett«, erzählt Anwohner Heiko Wolfram. »Behelmte, beschirmte Polizisten überall, Taschenkontrollen, die planten was. Abends kam die Straßenschlacht.« Sohn Hannes trat mit einem Freund tagsüber mit Akkordeon, Trompete und Diabolo auf. »Am Montag danach morgens zur Schule zu gehen, wenn noch nicht gekehrt ist«, der 13-Jährige verdreht die Augen, »alles stinkt, klebt, ist dreckig – eklig.« Mutter Jule Demel lobt da lieber das Platz-Fest im Windschatten des pulsierenden Straßenlebens. »Das ist lauschiger.«

Als Gegenentwurf zur rammellauten, sinnentleerten Bierrepublik organisieren sich die Nachbarn alljährlich spontan ihre eigene kleine Feier. Ausgekocht haben die Idee 2015 Sascha Kornek vom Sukuma Arts e. V. und Miguel Quevedo Botella. Der bärtige Spanier mit den rot-weißen Ohrsteckern lebt und kocht seit 2005 in der Wohngemeinschaft des Kulturvereins Kukulida. »Das sind Menschen mit unterschiedlichsten Lebensweisen und Zielen, manchmal macht es das kompliziert, Sachen voranzubringen. Aber durch die Vielfalt sind wir auch stark. Und beim Essen – das ist ein sozialer Akt – sitzt man zusammen, redet über gutes Essen, gutes Leben, spinnt, dabei entsteht die Motivation, gemeinsam was zu machen.« Zu Open-Air-Film, Spielecke und Live-Musik steuert jeder was Kulinarisches bei, bringt Stuhl, Geschirr und Besteck mit. »Man braucht nicht viel, so was kann man überall machen«, versichert Sascha. »Naja, die Jugend guckt, was so kommt, wir Alten wollen Struktur«, wirft der 72-jährige Dietmar Halbhuber alias Claun Claus ein. »Aber es hat mich beruhigt, als alles spontan geklappt hat.« Wofür er sich den Orga-Stress in der Freizeit antue? »Nach dem Fest kennt man sich besser.« Miguel lehnt sich zurück und lächelt: »Wenn ich sehe, wie rund 200 Leute chillen, wie sie den Platz, das Straßenleben, die Stadtluft genießen – das ist Erfüllung für den Geist. In der Neustadt weht eine andere Luft als in Rest-Dresden.« Alles läuft auf Spendenbasis, was übrig bleibt, geht an ein gemeinnütziges Projekt.

»Mit zweckfreiem Schenken, statt abzuzocken oder was zu verticken, kann man Freude auslösen – das macht solche Freude«, sagt Ralf Knauthe vom Stoffwechsel-Verein, den Sabine Ball 1993 im Eckhaus Nummer 12 eröffnet hat. Der »Mutter Teresa von Dresden« ist eine Erinnerungsstube im »Stoffi«-Haus 29 gewidmet. »Ich war beeindruckt von der großen Treue dieser Frau, die die Jugend mochte und wusste, dass die in Schwierigkeiten geraten kann, wenn sie so viel Schwerverdauliches vorgegeben bekommt«, lobt sie Diplommediziner Jörg Großer, der seine anthroposophische Praxis seit 2004 in der Nummer 9 hat. »Sie hat den Jugendlichen ein Umfeld gegeben, wo sie sich aussprechen und entdecken konnten, was in ihnen steckt.« Diese Tradition, Benachteiligten zuzuhören und sie in begleitender Annahme aufzufangen, setzt Ralf Knauthe mit der Stoffwechsel-Gemeinschaft fort. Der 51-jährige Kahlkopf mit der dickbügligen Brille weist auf die Kirche. »Ich bin dankbar, dass nicht wir Menschen der Mittelpunkt sind, sondern der Turm alles überragt mit seiner Botschaft.« Die nennt er »Barmherzigkeit und Kraft Gottes zum Stofftanken« und formt dazu mit den Händen ein Herzsymbol. »Ich wünsche allen, dass sie diesen Schatz entdecken.« Dazu gehöre auch der Kugelbrunnen. »Die sprudelnde Quelle aus dem Boden ist barrierefrei für alle da, so wie die Liebe, jeder bekommt von der Fülle im Überfluss was ab.«

Kinder drehen dank Aquaplaning die tonnenschwere Kugel, lachen und spritzen. Die ausgleichende Wirkung des Elements Wasser beobachtet auch Jörg Großer. »Der sonnenbeschienene Platz am Brunnen tut gut. Dieses unzerstörte, architektonisch gut eingefügte Ensemble ist ein schönes Stück Dresden, das unser Heimatgefühl vertieft und eine beruhigende Kraft entfaltet.« Stimmt, gelassen beobachten Zufallszuschauer den MDR-Dreh im Mai an der Nordseite zum elften Tatort aus Dresden »Rettung so nah«, der für Frühjahr 2021 geplant ist und in dem der Dresdner Torsten Ranft mitspielt.

»Menschen prägen den Platz genauso wie die Bäume«, fährt Jörg Großer fort. »Pflanzen sind unsere Verbündeten im Zusammenleben. Dazu gehören auch Erreger, die man annehmen muss, statt bekämpfen. Wir begleiten viele Familien hier im Erfahren von Krankheiten, die uns in Zwischenzeiten ausbremsen und einen Wandel anstoßen, um neue Wege zu finden. Das braucht seine Zeit, die wir uns nehmen, damit jeder seine eigene Gesundheit finden

kann.« Das Schöne hier sei das Bunte. »Nur aus der Vielgestaltigkeit kann reges Leben entstehen.«

Sich regen, um bleiben zu können, hieß es für Familie Demel/Wolfram von Anfang an. Als sie 1996 einzog, guckten sie hohle Fensteraugen aus dem Hinterhaus an. Dank der Sonderabschreibungen für Hauseigentümer im Sanierungsgebiet wohnte man für 780 DM warm auf 82 Quadratmetern. »Wir haben 20 Jahre lang Kohlen geschleppt«, erzählt Vater Heiko auf dem Stubensofa. Statt der alten Kachelöfen bullert seit 2018 ein Kaminofen, als schließlich auch sie die Modernisierung ereilt hatte. »Aber in anderen Stadtteilen, wo wir uns Wohnungen anschauten, fehlte uns das Leben auf der Straße.« Zur Überraschung der Hausverwaltung zog die Familie zurück in ihre sanierte Wohnung, die jetzt mehr als doppelt so viel kostet. »Ich dachte damals: Wenn ich jetzt alleinerziehend wäre, müsste ich ausziehen.« Dieses Schicksal trifft gerade Martina L. Hier geboren und aufgewachsen, hatte sie zu DDR-Zeiten um die Wohnung ihrer Oma unterm Dach mit Schüsseln und Wannen bei Regen gekämpft. »Ich hab mein ganzes Leben hier verbracht«, bricht es aus der 60-Jährigen heraus. »Mir blutet das Herz.« Die Nachfolger werden sich hier eine Maisonette-Eigentumswohnung ausbauen. »Eine nette Familie mit Kindern.«

Sie seien ja selbst Teil der Gentrifizierung, glaubt Jule Demel. Aus West- und Norddeutschland zum Studium hergekommen, hatte sie Heiko Wolfram in einem Neustadtcafé kennen gelernt. »Am liebsten sitzen wir auf dem Balkon oder auf der Holda-Bank. Das Leben hier hat was Dorfiges, die Heide ist nah, man trifft viele, die schon länger da sind.«

Am längsten da ist der älteste jüdische Friedhof Sachsens. Unter dessen hohen Kastanien und Ahornbäumen fühlt Heike Liebsch sich am wohlsten. Die Mitgründerin von Hatikva, der Bildungs- und Begegnungsstätte für jüdische Geschichte und Kultur nebenan, liebt es, hier die Katzen auf Mäusejagd oder den Igel im Laubhaufen zu beobachten, dem Gezwitscher im Frühling zu lauschen. »Der Ort atmet Geschichte, hier ist Natur, Bewegung und Begegnung. Im Hebräischen nennt man ihn auch Haus der Welt.« 1751 vor den Stadttoren in Waldnähe angelegt, brauchte die Begräbnisstätte Wasser für rituelle Waschungen, der Bach verlief

entlang der heutigen Prießnitzstraße. Den Blick durchs Tor hinaus zur Pulsnitzer Straße und zum Platz, der im 18. Jahrhundert noch Markt werden sollte, zeigen Zeichnungen Hans Körnigs, der akribisch hebräische Grabinschriften festhielt. Diese blicken nach Osten, genau wie die Kirche. »Luther hat anfangs die Gemeinsamkeiten betont. Weil die Juden sich aber nicht missionieren ließen, wurde er zu ihrem Feind«, sagt die 57-Jährige. Bei Hatikva hingegen diskutierten heute Atheisten, Freidenker, Christen, Juden und Araber gewaltfrei miteinander über Rassismus, Fremdenhass und Intoleranz. »Wir haben Glück, dass die Nachbarn die Ruhe und das alte Grün als Schatz betrachten.« Gefahr drohte der Pulsnitzer Straße 10, als sie Ende der Achtziger gesprengt werden sollte. »Besetzer haben das verhindert und uns eingeladen. Wir standen im Erdgeschoss auf den Kellergewölben, alle Fußböden waren durchgebrochen, und guckten in den Himmel.«

Kein Einzelfall, viele Neustädter schlossen sich nach der Wende zusammen, um ihre Häuser zu retten, gingen zur Bank. »Die haben uns ausgelacht, wenn wir einen Kredit für ein Wohnprojekt wollten«, erinnert sich Uwe Schneider, dessen Gemeinschaft es als eine der wenigen geschafft hat. »›Kommunismus? Haben wir hinter uns‹, hieß es lapidar.« Ein Archivfilm zeigt den medienwirksamen Shakehand am Martin-Luther-Platz zwischen dem schmidtbemützten Hamburger Senatschef Henning Voscherau und dem Dresdner Oberbürgermeister Wolfgang Berghofer über Soforthilfe für das Pilotprojekt Puls 10 als Kleinstgenossenschaft. »Wir zahlten den zinslosen Kredit mit den Mieten ab«, berichtet Heike Liebsch. »In der Zeit hab ich gelernt, wie man Leitungen verlegt, Parkett schleift und Farbschichten entfernt.«

Im zweiten Stock wohnt Rentner Guido Fietz. Heute hätte der Lungenkranke gern einen Aufzug. »Als ich 1993 einzog, hat keiner an so was Aufwendiges gedacht.« Der Architekt arbeitete damals im Planerkollektiv in der Martin-Luther-Straße 1, das darauf achtete, dass die Hamburger Mittel vor Ort ankamen. »Wir haben den Schmied ausfindig gemacht, von dessen Vater das Original-Friedhofstor stammte.« Wenn der Stadtplaner im Ruhestand heute aus der genossenschaftlichen Trutzburg auf die Gentrifizierung ringsum blickt, meint er: »Es gibt kaum Instrumente, die wirklich greifen und akzeptiert sind. Aber man sollte es wenigstens erträglich für möglichst viele Betroffene hinkriegen. Denn es geht immer um die Menschen. Wenn es nur ums Auto geht, kann man sich Stadtplanung sparen, Parkplätze wird es nie genug geben. Anfang der Neunziger wurde im Quartier diskutiert: Bäume, ja oder nein? Die Dresdner meinten, da hätten noch nie welche gestanden. Ich hab immer gesagt, da haben auch noch keine Autos gestanden. Es war schwer zu vermitteln, wie wichtig jeder Baum und großflächige Fassadenbegrünung fürs Stadtklima sind.«

Die Versiegelung des Vorplatzes verhinderte eine Unterschriftensammlung, inzwischen ist der ganze Platz menschenfreundlicher umgestaltet. »Erst war ich sauer, dass die Parkplätze weg waren, hab immer eine Viertelstunde lang in der Umgebung gesucht«, sagt Dietmar Halbhuber. »Aber dann hab ich gemerkt, dass der Verkehrslärm weg ist, da hab ich mich gefreut.« Auch Jörg Großer bejaht die Parkflächenreduzierung. »Perspektivisch sind Teilautos richtig und dass nicht jeder ein eigenes haben muss.« Die umweltbewusste Klientel im Viertel ist viel mit Rad und Kinderwagen unterwegs, dafür wurden Fußwege verbreitert. »Es bringt aber nichts, mit militanter Kommunikation auf die Autofahrer einzudreschen«, konstatiert Ecki Möller. »Man muss einen Konsens finden, um miteinander leben zu können. Solange die Parkgebühren billiger sind als Parkhaus oder Straßenbahnticket, drehen Auswärtige bis zu sieben Runden um die Kirche. Es müsste Zufahrtsbeschränkungen geben.«

Durch alle Regeln und Raster gefallen, wollte 2019 ein kranker Obdachloser auf der Kirchenhintertreppe sterben. Trotz olfaktorischer Anfechtung sprach Hanne Wandtke ihn an, kümmerte sich um ihn und erreichte, dass er in Behandlung und in ein Heim kam. Auch Aida Lea Vilbrandt hatte den Verwahrlosten aus ihrem Friseur- und Beautysalon heraus beobachtet. »Ich hab ihm manchmal Tee gebracht.« Berührungsängste hat die 26-Jährige nicht, die ehrenamtlich Wohnungslosen die Haare schneidet. »Durch Corona hab ich über mich nachgedacht und hatte die Chance, wieder mehr zu mir selbst zu finden.«

Genau dieses Innehalten wünscht Thomas Preibisch seinen Mitmenschen, sagt der Philosoph, Musiker und Buchautor auf einer Bank hinter der Kirche. »Das Geldverdienenmüssen hält uns von Fragen ab wie: Was ist meine Bestimmung, was hab ich der Welt zu schenken, was würde ich arbeiten, ohne dafür entschädigt zu werden? Wollen wir nicht am Ende des Tages das Gefühl haben, wichtig zu sein?« Der 46-Jährige mit den leuchtenden Augen unter buschigen

Indien, Nepal. Für lerneifrige Kursteilnehmer bilden die ABC-Tische der Gemeinde eine prima Ergänzung zum Üben, unter ihnen Ärzte, Pflege- oder Hilfskräfte. Weder mit dem christlichen Sakralbau vor Augen noch mit dem jüdischen Friedhof hätten Andersgläubige hier ein Problem, versichert der difo-Chef. »Im Gegenteil, viele Araber freuen sich, wenn jemand Verständnis für Religion hat. Denn in einem atheistisch geprägten Umfeld fühlt man sich als Gläubiger oft abgelehnt, muss sich verteidigen. Jemand mit Sprachbarriere hört da eher den Vorwurf heraus.« Wenn es zu Konflikten komme, versuche er, sie im Team verbal zu lösen. »Diese Menschen bringen oft Erfahrungen aus Kriegen mit, da stirbt man schneller, zückt schlimmstenfalls eher das Messer.« In der Raucherpause wandern die Blicke unwillkürlich zur bronzenen Friedensgeste hinüber oder zum Engelrelief, in dessen Armen sich ein Täubchen sein Nest gebaut hat. In den Integrationskursen werden Demokratie, Freiheiten, die Rolle der Frau diskutiert. »Das Ehrgefühl in anderen Kulturen ist wiederum uns fremd«, gesteht Stefan Richter, den es gewundert habe, »dass eine verbale Mutterbeleidigung wie ein körperlicher Angriff empfunden werden kann.« Seine Kollegen holen in solch seltenen Fällen alle an einen Tisch, um über Verletzungen, Ängste und Sorgen zu reden. Sprechen lernen die Teilnehmenden auch ganz praktisch am BRN-Stand, wenn sie international kochen und mit Passanten über Rezepte fachsimpeln. Südamerikanische Tänze gehen zur BRN über die Kulturbühne.

Brauen lebt seit 2005 hier, lässt per Kartoffeldruck zu Firmen- und Privatfeiern Gemeinschaftskunstwerke entstehen und betreibt ein Institut für gute Laune. »Den Kulturschaffenden in der Neustadt wünsche ich, dass wieder mehr Leute mitmachen, statt zum Konsumieren herzukommen. Damit es nicht vergebene Mühe ist, wir machen das mit Herzblut«, sagt Thomas Preibisch mit Blick in Richtung Sonnenaufgang.

Dort steht der Lückenbau, in dem viele Jahre lang der Künstlerbund seine Adresse in der ehemaligen Sparkassenfiliale hatte. Ausstellungen veranstaltet darin heute noch das difo – Dresdner Institut für Fortbildung mit Werken begabter Absolventen. »Anhand der Herkunftsländer zeichnen sich die Krisen der Welt ab«, zählt Geschäftsführer Stefan Richter auf: Syrien, Irak, Venezuela, Spanien, Russland,

Auch zu Trauungen drehen sich manchmal die Gäste vor der Kirche zu Musik. Wenn die eriträischen Christen ihre Hochzeiten feiern, sagt Superintendent Nollau, »kommt der Priester mit Tabot, alle tragen lange, prachtvolle goldweiße Kleider, das ist schon 'ne andere Nummer. Ach, es könnte mehr geheiratet werden.« Dann fliegen Friedenstauben in den Himmel.

---

### UNA GIESECKE

Una Giesecke lebt seit 1989 in der Dresdner Äußeren Neustadt und hat zahlreiche Bücher, ernsthafte und witzige, zur Stadtgeschichte veröffentlicht. Im jüngsten Bändchen »Unnützes Wissen« hat sie skurrile Fakten »für Besserwisser zum Angeben« zusammengetragen. Zudem schreibt die freie Journalistin journalistische Beiträge, Kulturrezensionen, Lokalberichte, Porträts, Ratgeberartikel; redigiert und und lektoriert für verschiedene Verlage. Jahrgang 1965, ist sie in Dresden geboren, aufgewachsen und studierte an der hiesigen Hochschule für Verkehrswesen mit dem Abschluss 1990 als Diplomkauffrau. Seit 1984 arbeitet sie als Gästeführerin und gründete 1990 »igeltour« mit, den ersten alternativen Bildungs- und Stadterkundungsveranstalter in Dresden. Neben spielerischen Rundgängen für Kinder im Zentrum liegt ihr die Neustadt am Herzen. Mit Alt und Jung durchstreift die »Eingeborene« auf verschiedenen thematischen Routen ihr Heimatviertel, für das sie sich auch in der Bürgerinitiative engagiert hat. Die meisten Interviewten kannten sie, einer meinte gar: »Du bist doch selbst Teil der Geschichte.«

**DORAS GESCHICHTE**

Text × **Durs Grünbein**

# DORAS GESCHICHTE

Sie besitzt ein großes Geheimnis. Niemand darf es wissen. Erst jetzt kommt es raus.

Es stellte sich heraus, daß er zehn Jahre älter war als sie. Und wennschon, der, nur der sollte es sein. In einer warmen Aprilnacht hatte sie die Chance ergriffen, ihrer freudlosen Jugend zu entkommen. Der Völkische Beobachter, den sie anderntags am Kiosk kauften, titelte etwas vom ersten Teilstück der Reichsautobahn. Recht so, auch wenn er kein Auto steuern konnte (mein Großvater hat zeitlebens nie einen Führerschein besessen): Sie hatte den Mann gefunden, der sie entführen würde aus der Provinz.

Sinnlichkeit war seither ein Wort, das durch die Familie geisterte wie eine chemische Formel. Wenn es über jemanden hieß, er sei ein sinnlicher Mensch, war damit alles gesagt. Die Männer, das wußte sie, wollten alle mit einem schlafen. Über den komischen Sprachgebrauch, dieses harmlose Schlafen, hatte sie oft lachen müssen – weil damit so vieles verschwiegen wurde, an das man besser nicht rührte. Für Heuchelei hatte sie einen sechsten Sinn. Bitte, mit wem hatte sie nicht schon alles geschlafen? Mit einer Freundin auf dem Heuboden einer Scheune in Riemberg, ihrem Geburtsort. Mit einem Hund, der ihr zugelaufen war und den sie, als Kind von Bauern, die sofort Alarm schlugen wegen der Ungeziefergefahr, fortschicken mußte. Mit den Ziegen, weil sie sich bei einem Familienfest davongeschlichen hatte und alle Betten im Haus sowieso vergeben waren. Mit mehreren Bergarbeitern in einer Kneipe, als die Erwachsenen sie zwischen sich nahmen, weil das Besäufnis ewig nicht enden wollte. Und einmal sogar mit dem Vater, der sich nach einer durchzechten Nacht zu ihr gelegt hatte und schnarchend eingeratzt war. Aber das alles hatte doch nichts zu bedeuten. Als sie mit Oskar zum ersten Mal schlief, war das etwas anderes. Zum ersten Mal hatte jemand sie zärtlich umarmt. Und als sie sich schließlich einrollte, beide Hände zwischen den Schenkeln, hatte er sich bei ihr entschuldigt und sie in den Schlaf geflüstert.

Von da an war sie nicht mehr nur Dorle, das kleine Ladenmädchen. Sie hatte erkannt, daß in einer Kleinstadt, in der jeder sich über jeden das Maul zerriß, ihr Geheimnis keinen etwas anging – und übrigens auch niemanden wirklich beschäftigte, weil nur sie davon wußte. Außerdem gab es genug zu tun in der Gärtnerei. Es ärgerte sie, daß die Geschwister zu Hause Unsinn schwatzten und der Vater, der einen Großteil des Lohns einstrich – »Solange du deine Füße unter meinen Tisch streckst« – die Nase rümpfte. Oder der Satz der Schwiegermutter: »Na sowas, da kommt ein Fleischer daher und verdreht ihr den Kopf.« Mochten sie alle reden, es gab nun kein Halten mehr. Der Held in dem flauschigen Mantel, im weißen Kragenhemd, mit der schwarzen Fliege am Hals, der sie beim Sonntagsausflug geküßt hatte, der beharrliche Fremde, der ins Geschäft zurückgekehrt war, um einen Rosenstrauß zu kaufen, den er ihr gleich nach Ladenschluß selbst überreichte, der Mann, der sie in einer schäbigen Pension entjungfert hatte: Der sollte es sein.

In einem Weinlokal, an einem Abend, den sie selber bestimmt hatte, schob er ihr eine Schachtel zu, darin war der Verlobungsring. Sie war gerührt wie die Frauen in den Filmen, in die sie mit ihren Freundinnen ging, um die Herren auf der Leinwand dort im fernen Amerika anzuhimmeln. Ja,

dachte sie, ja ich will: Der ist es, der soll mich entführen aus diesem Elend. An Dokumenten aus dieser Zeit hat sich so gut wie nichts erhalten. Aber die wenigen verläßlichen Daten legen nahe, daß es noch ein paar Monate dauerte, bis sie den Mut aufbrachte, ihm zu folgen. Einmal hatte er ihr ein Foto von der Dreierbande geschickt, und da wußte sie: »Der in der Mitte ist meiner.«

Sie war siebzehn, als sie ihre Siebensachen packte und seinem Ruf in die Hauptstadt des Freistaates Sachsen folgte.

Die vier Jahre in Dresden bis zum Beginn des Krieges waren ihre goldene Pionierzeit: Jahre der Selbständigkeit, der Familiengründung, eines bescheidenen Wohlstands, zum ersten Mal Hüterin eines eigenen Heims. Es lief gut in diesen frühen Ehejahren, als Frau an der Seite eines erwerbstätigen Mannes mit gesichertem Einkommen und einer festen Arbeitsstelle. Immer am Monatsersten der Tanz um die Lohntüte, Zweifel beim Einrichten eines Bankkontos – wer weiß, ob man das Geld je wiedersah?

Das Gefühl, geachtet zu sein unter ihresgleichen, zu zweit war das Leben leichter, und es war planbar. Als Hausfrau war auf sie Verlaß: Sie konnte kochen und ziemlich gut nähen, die Wohnung schön machen mit den wenigen Anschaffungen, und immer standen Blumen auf dem Tisch und auf der Anrichte, die alle Armseligkeit überstrahlten. Einmal erwarben sie günstig ein Ölgemälde, das Bild hing über dem Sofa, auch zu meiner Zeit noch, in einer anderen Wohnung in ihrem Nachkriegsheim, Warthaer Straße, wenn auch stark nachgedunkelt. Es zeigte ein paar Pferde und einen bärtigen Mann, der sich, im Schein einer Blendlaterne, am Geschirr der Tiere zu schaffen machte. Es hieß »Das Kummet«, und wenn ich es sah, und ich habe es oft betrachtet als Kind, ging mir der dunkle Klang dieses Bildtitels, den ich lange nicht verstand, wie ein Signal aus schwerer Vergangenheit nach.

Es gab die freien Wochenenden, die kleinen Freizeitfreuden mit gelegentlichen Tanzvergnügen, Ausflügen in die berühmten städtischen Museen und auf die Vogelwiese, wo das jährliche Volksfest an der Elbe mit Böllerschüssen eröffnet wurde. Bei gutem Wetter saß man noch lange draußen im Belvedere auf der Brühlschen Terrasse oder gegenüber im Garten des Narrenhäusel unter Kastanien und schaute den Dampfern bei ihren Anlegemanövern zu.

Mit ihrem schneidigen Oskar konnte sie sich überall sehen lassen, selber in ihre dunklen Kostüme und die hellen, eng anliegenden Blusen nach der letzten Mode gekleidet, die sie alle auf der heimischen Nähmaschine, Modell Seidel & Naumann, zauberte. Selten ging sie ohne einen ihrer imposanten Hüte aus dem Haus. Auch die Töchter trugen immer einen Hut auf ihren wohlfrisierten Köpfchen, das sollte sie von den Arbeiterkindern unterscheiden. Den Mädchen Zöpfe flechten, sie wie Prinzessinnen einkleiden in kleine Kragenmäntel und saubere Strümpfe, für die ganze Familie die Schuhe putzen bis sie glänzten wie in der Erdal-Reklame und in der Sonne blitzten, gehörte zu den glücklichsten Erinnerungen an diese Zeit.

Aber wichtiger als alles andere: Ihr Leben war aufgegangen, wie der Teig zu einem guten Kuchen, dachte sie manchmal. Sie war ihrer Herkunft entronnen und hatte es allen gezeigt. Wenn Verwandte zu Besuch kamen, war sie nun die Dorle aus Dresden, der Stadt, von der alle nur in den höchsten Tönen redeten. Historisch betrachtet, war sie damit ihrer Vertreibung zuvorgekommen. Ein paar Jahre nur, und alle Deutschen, die sie aus Schlesien kannte (von den Polen war nie die Rede, so wenig wie von den Juden) machten sich, vom Kriegsverlauf gezwungen, auf den Weg Richtung Westen, notgedrungen und jedenfalls später als sie. Von ihren Schlesiern hörte sie erst wieder, als viele von ihnen im Winter 1945 durch Dresden zogen, mit Sack und Pack, auf der Flucht vor den Russen. Das wenige, was sie gerettet hatten, war auf Fuhrwerken und Leiterwagen verstaut. Als Treibgut aus dem verlorenen Osten zogen sie über die Elbebrücken wie nach dem Brand Moskaus Napoleons geschlagene Truppen, ein Schauspiel, das vielen der Dresdner durch Mark und Bein ging. Die meisten der Vertriebenen mußten, weil die Verbindungen unterbrochen waren, in der Halle des Hauptbahnhofs übernachten und wurden schließlich auch dort von der Kriegsfurie eingeholt. Auch der Vater, der alte Ziegen-Kraus, war unter den Geschlagenen, stark abgemagert und unrasiert, ein Bild des Jammers. Weißhaarig war er geworden und ungewohnt milde, nicht mehr der alte Isegrimm. Er fand sogar Gefallen an seinen Enkeltöchtern, und zum ersten Mal spürte sie etwas wie Anerkennung. Einige Tage lang hatte er auf einer Matratze in ihrer Küche geschlafen, bevor er weiterzog und bei Verwandten der Stiefmutter, die rechtzeitig gestorben war, in Pirna unterkroch. Dort starb er im ersten Nachkriegswinter an einer Lungenentzündung.

Aber das Fußfassen in Dresden war alles andere als leicht gewesen. Von Anfang an war da ein Widerstand, den sie, die Zugereiste vom Land, zu spüren bekam. Man mußte sich bewähren, wenn man in dieser hochnoblen Stadt seinen Platz finden wollte. In der Annonce war eine Hausangestellte gesucht. Wieder kam sie bei einem Ladenbesitzer und seiner Familie unter, in einem Geschäft für Haushaltwaren. Die Anstellung hatte ihr Oskar vermittelt. Sie kam mit dem Zug aus Breslau an, einem Nachmittag im Sommer 1934, mit einem einzigen Koffer, in dem war alles, was sie besaß. Ihr Verlobter hatte sie am Bahnsteig abgeholt.

Er hatte sich freigenommen und tat alles dafür, sie in der neuen Welt willkommen zu heißen.

Er brachte sie, da er selber sich vorläufig nur ein Zimmer zur Untermiete leisten konnte, in einer Pension unter, die er im Voraus bezahlt hatte.

Dresden, das war der höllische Lärm unter der doppelten Glaskuppel des Hauptbahnhofs, der Verkehr auf dem Postplatz mit Straßenbahnen, kreuz und quer durch Schaufenster ratternd, die dabei in tausend Scherben zersprangen. Alles strahlte wie eben erst aufgebaut. Man mußte aufpassen, daß man sich nicht in den Schienen verfing, im Glanz der Warenhäuser, den Spiegelungen der Cafés und Büros im Stadtzentrum. Da war dieses Gläserklirren, das sie seither immer begleitete, ein Vibrieren, aus dem der böse Geist ihrer Schwiegermutter herüberwitterte, ein haltloses Licht, das alle Splitter der Großstadt gleichzeitig bestrahlte und die Pupillen kitzelte. Nichts stand in irgendeiner Beziehung zueinander, und erst recht nicht zu ihr. Aber es war gut so, endlich, so gefiel es ihr – sie fühlte sich sofort geborgen. Hohe Fassaden umschlossen sie, Fahrradfahrer klingelten, ein Omnibus rauschte durch einen Kiosk, freundliche Wolken senkten sich über die Kuppel der Frauenkirche herab. Einmal, das erzählte sie gern, wurden die Menschen auf einer der Elbebrücken vom Schatten eines Zeppelins überrascht und stoben wie die Ameisen auseinander.

Eine Hand hoch oben auf einem Schild über der Schloßstraße wies ihr den Weg in die einzig richtige Richtung, vorbei unter Markisen, die sich im Sommerwind bauschten.

Das war die Ankunft gewesen in dieser Stadt, die als eine der schönsten Deutschlands galt. Um aber sachlich zu bleiben, sachlich, das mußte keiner ihr sagen, das war ihr in die Wiege gegeben: Dresden in den dreißiger Jahren war eine moderne Stadt in allen Farben freundlichster Kälte, die sie dem Fremden, jedem Neuankömmling, der sich dort niederlassen wollte, entgegenbrachte. Nie sprach sie davon, wie schwer aller Anfang in Dresden war. Ihre Vergangenheit hinter sich gelassen zu haben, die Dörfer Schlesiens (in Breslau war sie nur einmal gewesen), war ihr kleiner persönlicher Triumph. Von Stund an gehörte sie zu etwas Größerem und hatte die Elbmetropole, die ihr als Inbegriff alles Weltstädtischen erschien, als den ihr angemessenen Lebensraum erkannt. Hier konnte sie auf Entdeckungsgänge ausziehen und in der urbanen Sphäre versinken.

Sie erzählte gern von diesen ersten Jahren der gewonnenen Freiheit. Wie sie alles daran setzte, ihre Stellung zu verbessern, ein paar Spargroschen beiseitezulegen. Dabei hatte sie als Ungelernte nur einen geringen Spielraum. Der allgemeinen Mobilmachung im neuen Staat stand sie mit Vorsicht gegenüber. Den Reichsarbeitsdienst, der bald auch auf weibliche Kräfte zurückgriff, galt es zu meiden. Es sprach sich herum, wie hart der Drill, wie schlecht die Entlohnung dort war. Mit Sorge verfolgte sie die Kampagnen, denen die Volksgenossen nun ausgesetzt waren. »Werdet Mitglied im Reichsluftschutzbund!« Wofür das wohl nötig war, wenn die Regierung sich friedlich verhielt? Hatte sie von Deutschlands Einmischung in den Spanischen Bürgerkrieg gehört. Vom Schicksal der schutzlosen Baskenstadt Guernica hatte sie aus den Zeitungen jedenfalls nichts erfahren können.

Ein paar Mal gab sie in der Lokalpresse Annoncen auf, in denen sie ihre Dienste als Köchin oder Schneiderin anbot – sie verstand etwas von Stoffen, und das Nähen hatte sie sich mit viel Geschick selbst beigebracht.

Doppelte Anstrengung für das Ziel zu erreichen, eine eigene Wohnung mit Oskar zu beziehen, der nun oft noch Überstunden machte.

Wenn alles Kochen und Putzen erledigt war, mußte sie im Geschäft aushelfen, das war ein moderner Laden für Haushaltswaren, Küchengeräte und Geschirrporzellan, im Stadtteil Gruna, das erste Haus am Platz. Ein paar Straßen weiter hatte ein Seminar für Haushaltslehre eröffnet, das sie eine Zeit lang besuchte. Sie brachte es nicht bis zum Abschlußzeugnis, aber es ging auch so, zu improvisieren hatte sie früh gelernt. Gruna war eine ländliche Siedlung, nach dem Ersten Weltkrieg sorgte ein Bau- und Sparverein für die ersten Mietshäuser.

Von da an pendelte sie zwischen seiner Junggesellenbude, einem möblierten Zimmer in einer Gasse der Friedrichstadt und ihrer Mädchenkammer bei den Arbeitgebern in Gruna. Anständige Leute waren das, bei ihnen half sie im Laden aus und kümmerte sich um die Kinder der Familie. Die älteste Tochter war nur ein Jahr jünger als sie und wurde bald ihre Vertraute, mit ihr konnte man in die Stadt ausschwärmen, Einkäufe machen und das Großstadtleben ergründen. Man teilte verschiedene Geheimnisse, zum Beispiel das Interesse für Filmstars, die neusten Kleidermoden. Gemeinsam stellte man sich vor den Schaufenstern auf, erörterte Fragen des Haarschnitts, der Rocklänge. Beide fanden das Wort Backfisch indiskutabel. In der Straßenbahn gab es den älteren Herren, der zuverlässig die Nähe junger Frauen suchte, den mußte man, ganz Dame, mit einer plötzlichen Drehung, einem schneidenden Lächeln abwehren.

Auch sprach man nicht mehr von Herrschaft, dafür sorgte nicht die wortgewandte Tochter mit ihrem Gerechtigkeitssinn, sondern auch ihre Mutter und strenge Hausfrau, die ihrem Hermann den Marsch blies, wenn er den Herren heraushängen ließ oder gar zudringlich wurde. Man übertrieb es nicht mit dem Dienstverhältnis, schon darum, weil der neue Staat wert legte auf ein engeres Zusammenrücken der Schichten.

Und bald war die erste eigene Wohnung gefunden. Das Haus in der Liliengasse lag mitten im Stadtzentrum, zwischen dem Heizwerk und dem Altmarkt, nur ein paar Schritte vom Postplatz entfernt, dem Knotenpunkt aller Dresdner Straßenbahnen – und mehr Verkehr als dort gab es in der alten Residenzstadt nun einmal nicht.

Wie gern trödelte sie manchmal dort herum, saß lange auf einer Bank vor dem Pavillon auf der ulkigen Dreiecksinsel (ulkig war das Wort der Stunde), mit seinem weit überragenden Runddach, das aussah wie ein großer Chinesenhut. Oft ließ sie die Straßenbahnen vorüberfahren, die nächste kam immer, man konnte seine Beobachtungen machen.

Alles war in Bewegung, als würde eine Riesenhand in diesem Ameisenhaufen rühren, und sie sah fasziniert zu und betrachtete das Woher und Wohin. Warten, einfach so dastehen und in den Verkehr starren: Das war also die Stadt, für die sie bestimmt war, der Ort, an dem sie den Rest ihres Lebens, das wußte sie vom ersten Moment an, verbringen wollte. Möge das alles niemals untergehen – das dachte sie damals noch nicht, aber später, als die Stadt nicht mehr dieselbe war, fielen ihr diese Augenblicke an der belebten Kreuzung manchmal ein. Da stand sie zu jeder Tageszeit und bei jedem Wetter, oft auch im strömenden Regen, mit Blick auf die spitzen Zwillingstürme der Annenkirche, den Dresdner Zwinger (das Markenzeichen der Stadt) und das Palast Hotel Weber, um die Ecke das Schauspielhaus, ließ die Straßenbahnen, aus denen die Leute äugten wie Fische in einem Aquarium, eine nach der andern vorüberrauschen, die Lastwagen, auf denen sich Fässer stapelten – Radeberger Bier, Mannschaftswagen von Polizei und SA, später auch Wehrmacht, die schwarzen Taximobile, die Heere der wild klingelnden Radfahrer, und linste nur hin und wieder auf die Uhr an ihrem Handgelenk, denn es gab immer viel zu tun, der Tag war gefüllt mit Geschäften. Hier war der Mittelpunkt, hier war sie am Puls der Stadt, von hier aus hatte ihr Leben Fahrt aufgenommen. Von wegen Einsamkeit, von wegen »Ich suche das Wunder.«

Das Haus in der Liliengasse, ihr triumphaler Einzug: Man war nun endlich angekommen. Hätte man das Gebäude mit seiner bürgerlichen Fassade aufklappen können, wie sie das einmal in einem Werbeprospekt sah, ein Querschnitt durch die Bevölkerung dieser dynamischen Stadt hätte sich gezeigt. Im Erdgeschoß wohnte eine verwitwete ehemalige Lehrerin, Frau Herder, die fungierte als selbst ernannte Concierge mit echten Portiersallüren, die sich später, als die parteiamtlichen Einschläge näherkamen, sogar mit dem Blockwart, einer Figur aus dem Hinterhaus, anlegte. Im zweiten Stock hatte der Hausbesitzer sein Domizil. Dort hatte sich eine Art Skatklub etabliert, in dem der alte Herr sich mit seinen Freunden traf, darunter einige Kameraden aus dem Schützengraben, hin und wieder auch höhere Ränge, Leute in einer der neusten, braunen Uniformen mit Schmissen im Gesicht. Darüber das Liebesnest von Dorle und Oskar. Und ein Stock höher eine jüdische Dame, die nur selten Besuch empfing, man kannte sie nicht und wußte so gut wie nichts von ihrem Leben. Ganz oben wohnte eine Frau, zunächst noch mit ihrem Sohn, der bald auszog und selber eine Familie gründete: Das war Tante Trude, wie die Kinder sie später nannten, eine Landsmännin, wie sich herausstellte, auch sie noch nicht lange in Dresden. Sie stammte aus einer Breslauer Familie, ihre Mutter war Polin, was ihren Status im Reich komplizierte und sie öfter in Schwierigkeiten brachte, seit die neuen Gesetze das Blutsrecht geltend machten. Wie hieß es in einem Heft, das nun jede deutsche Familie bei der Geburt des Kindes empfing, Das Buch der Kindheit? »Für was wir zu kämpfen haben, ist die Sicherung des Bestehens und der Vermehrung unserer Rasse und unseres Volkes.« Einmal hatte ihr ein Beamter im Polizeipräsidium, wo sie wegen einer Meldesache einbestellt war, die Knöpfe ihrer Strickjacke abgeschnitten, weil auf ihnen das Emblem des polnischen Adlers prangte. Der Typ war wutentbrannt hinter seinem Schreibtisch aufgesprungen und hatte sie, wildgewordener Bürokrat, buchstäblich mit der Schere traktiert. Schikanen wie diese hatte sie im Alltag zuhauf erfahren, ihren Stolz konnte ihr keiner nehmen. Kein Problem, sagte sie immer, nema problema, mit ihrer kratzigen Stimme einer Kettenraucherin, wenn sich die Frauen im Treppenhaus begegneten, und Dorle verstand das Polnische sofort als Angebot zur Verschwörung, und daraus wurde eine Freundschaft fürs Leben. Tante Trude wußte, wie man sich durch diesen Naziwahnsinn hindurchmogeln konnte, sie verhielt sich wie eine Grande Dame. Dorle lernte von ihr das Einmaleins des stillen Widerstands.

Trude war ihr Vorbild, eine selbstbestimmte Frau, Angestellte der Firma Seidel & Naumann, Hamburger Straße, einem der Großbetriebe Dresdens, Produktion von Nähmaschinen, Fahrrädern, Schreibmaschinen, eines war klar, den Job durfte sie nie verlieren.

Das Haus in der Liliengasse in den dreißiger Jahren. Spitzengardinen wurden zusammengezogen, wenn die Nachbarn neugierig wurden und das Liebesglück im stillen Winkel versteckt werden mußte. Man richtete sich ein und war es für eine Weile zufrieden zwischen den Kriegen.

Dora gab ihre Stellung auf, und bald war sie schwanger, zum ersten Mal, während er von einem eigenen Fleischerladen träumte. Was er nicht wissen konnte: Nie mehr wollte sie hinter einer Ladentheke stehen. Das war nichts für sie, Leute bedienen, Kundengespräche führen, davon hatte sie ein für allemal genug. So kam es, daß Oskar im Schlachthof hängen blieb, in dem infernalischen Getöse massenhafter, industrieller Tiertötung. Jeden Morgen in aller Herrgottsfrühe, unter allen Umständen und bei jedem Wetter fuhr er mit dem Fahrrad in seine Hölle, wo die armen Lämmer sterben mußten und die Schweine und die Rinder am Haken ausbluteten. Es verursachte ihr Übelkeit, wenn sie nur daran dachte. Auch von Hitlers Dresden, der wahren Kulturhauptstadt des Reiches, wollte sie nicht mehr wissen als nötig war und was in den Zeitungen stand. Dresden bei Nacht war schön: Café Piccadilly am Hauptbahnhof mit seiner Leuchtreklame, der Altmarkt im Lichterglanz der Warenhäuser, die Schloßstraße mit ihren Laternen wie eine letzte Gasse ins Glück. Und die Ufer mit ihren gedämpften Lichtern, ein Sternenhimmel auf Erden, die illuminierten Dampfer an den Landeplätzen, der Lichterschein auf dem Wasser zwischen den wuchtigen Elbebrücken, wenn noch ein letzter später Lastkahn aus Böhmen fast lautlos Richtung Hamburg vorüberzog.

Nur das Gerede von der »Perle an der Elbe«, von Sachsens Glanz, das affektierte Getue um die Kunststadt, das schöne »Elbflorenz«, gingen ihr auf den Wecker, wie sie gern sagte. Überall klebte das Sachsenzeichen mit den gekreuzten Meißner Schwertern, sie sah es an Litfaßsäulen, auf Briefen, Autoplaketten, in tausenden Abziehbildern auf Koffern, Speisekarten und an den Hotels. Dresden als Ausflugsziel der Kunstbegeisterten und Kulturmenschen, so hatte sie es immer registriert, wenn sie, mit der Routine der Einheimischen, über den Zwingerhof eilte und beim Einkaufsgang eine Abkürzung nahm, unter der Seufzerbrücke hindurch, einer Kopie nach dem berühmten venezianischen

Vorbild, vorbei am Fürstenzug. Aus aller Welt strömten die Touristen herbei, legten den Kopf in den Nacken, fixierten eines der Dresdner Weltwunder durch den Sucher ihrer Kameras, während sie am Altmarkt die Sonderangebote studierte oder mit flinkem Schritt in die Neustadt hinübereilte, weil dort der Käse günstiger war oder jemand ihr ein Blumengeschäft empfohlen hatte.

    Gern führte sie Bekannte, die aus der alten Heimat zu Besuch kamen, in die Gemäldegalerie, adrett herausgeputzt wie zum Sonntagsausflug. Dann staunte sie mit ihnen über die Nackten, die so dicht bei den Heiligen hingen, über die üppigen Früchtestilleben, wobei ihr die Farben zu denken gaben, das tiefe Blau einer Madonna, der braune Fellmantel des Jägers in einer Schneelandschaft und der zitronengelbe Umhang der bösen Kupplerin. Raffael bewunderte sie, Giorgione, Rembrandt und Vermeer, und daß Oskar für so etwas nie zu haben war, scherte sie kaum. In den Schulmädchen, die kichernd niederknieten vor dem gutgebauten, entsetzlich von Pfeilen gespickten Sebastian, ihre weißen Söckchen richtend, erkannte sie die eigene Jugend wieder.

Ich bin so unmusikalisch, gestand sie gern ungefragt, und schämte sich dafür bis an ihr Lebensende. Der Ruf der Musikstadt, Zentrum des deutschen Musiklebens, ging an ihr beinah spurlos vorüber. Nur einmal ließ auch sie sich von Richard Wagner verlocken, ein Name, der allen geläufig war, die Musik des Vielgerühmten, dessen Tochter der Führer so gern in Bayreuth besuchte, wurde beinah täglich im Rundfunk gespielt. Eine Freundin vom Turnverein hatte ihr eine der begehrten Karten besorgt, im Tausch gegen ein Stückchen Rinderlende, wie sie stolz betonte, denn wenn es um Fleisch ging, kannte sie sich aus. Und so saß sie gespannt in ihrer Loge in Sempers Oper am Adolf-Hitler-Platz und lauschte dem Rienzi, begeistert von den aufsteigenden und abfallenden Streichern, erkannte die Ouvertüre wieder wie einen der Schlager, den man mitsummen konnte und hielt sich die Ohren zu beim Fortissimo des Orchesters. In der Wartezeit zwischen den großen Partien musterte sie das Publikum: all die vornehmen Menschen, wenige ihresgleichen darunter. Komisch nur, wirklich sehr komisch, daß viele der Herren, höhere Beamte und Professoren, alle denselben Schnauzbart trugen wie der Führer. Sie sah es als Modeerscheinung, und auf einem der Fotos aus dieser Zeit trug sie selbst einen Damenhut nach Tiroler Art, wie alle Frauen, die etwas auf sich hielten. Kultur blieb ihr ein Rätsel mit sieben Siegeln, es galt nur, sich keine Blöße zu geben. Man schwamm in einem Strom, und eine Weile lang prangten überall Hakenkreuze, sogar auf der Butter. Ein Großereignis jagte das nächste: Reichstheater-Festwoche, Reichsgartenschau, Jahresschau »Sachsen am Werk« – bis die ganze Herrlichkeit von einem Tag auf den anderen aufhörte und der Krieg begann. Ein, zwei, drei Sommer lang war sie sorglos gewesen, unbeschwert, Dorle, das Vögelchen – »Hört mal, sie zwitschert wieder« – das konnte sie nie mehr vergessen.

    Was in Hitlers neuem Reich geschah, entging ihr nicht, aber sie begriff auch, daß sie nur zu den geduldigen am Rande gehörte, den eiligen Passanten, die bei den Aufmärschen immer das Weite suchte. War sie denn folgsam gewesen wie die Mehrzahl der Deutschen zu ihrer Zeit? »Gehorchen sollst du«, hatte die Stiefmutter immer gesagt, während Vater so tat, als sei man nur zufällig miteinander verwandt.

Dann trat das Ereignis ein, von dem sie geträumt und das sie zugleich gefürchtet hatte: sie wurde schwanger. Es war ihr peinlich, daß sie ihr erstes Kind als unverheiratete Frau empfangen hatte. Eine Zeitlang ließ sich das noch verbergen, dann aber mußte man doch mit offenen Karten spielen. Nur gut, daß niemand ihr mehr ins Gewissen reden konnte. Es war ihr gleich, wie sie zu Hause darüber denken mochten, ihre Lästerfreundinnen drüben in Schlesien, diese Landpomeranzen. Sie schrieb gern Karten in die alte Heimat, Briefe an die Geschwister, da log sie immer das Blaue vom Himmel. An einem strahlenden Herbsttag fanden Dora und Oskar sich vorm Standesamt in der Dresdner Friedrichstadt ein. Das Kind hatten sie zu Hause gelassen, in der Obhut einer Nachbarin. Es war der neunte Oktober, und es war keine Hochzeit in Weiß.

Erst heute weiß ich darüber mehr, kenne die Daten und füge das Puzzle zusammen. Ich studiere die Ahnentafel (»Meine Vorfahren«), den großen Bogen im Format DIN A3, umständlich auseinanderzufalten, den Vater eines Tages in einem mir unbegreiflichen Ehrgeiz ausgefüllt hat, in seiner Technikerschönschrift mit dünnem Bleistift, und frage mich, was es auf sich hat mit den Koinzidenzen. Der neunte Oktober ist der einzige Tag, den ich manchmal gern überspringen würde, mein Geburtstag. All die Namen der Altvorderen, Menschen aus ärmsten Verhältnissen, die irgendwo in Deutschland das Licht der Welt erblickten, ohne die es, gewiß doch, weder mich noch meine Kinder je gegeben hätte – oft hatten sie drei, vier Vornamen, und das war alles, was ihnen mitgegeben wurde, all diesen Habenichtsen: irgendwelchen Wilhelms, Richards, Amalies, Marthas und Florines, allesamt christlich getauft, markiert mit so sprechenden Familiennamen wie Pfennig, Hasert, Schüler, Fröhlich oder Wachtel, und dazu lauter Geburts- und Todesdaten, die sich im Dunkel der Zeiten verloren. Ein kleiner Abgrund, ein familiärer Ausschnitt der Menschheit, in den man hinabschaut wie in ein Grab. Aber es gibt den Friedhof nicht, auf dem man diese Schattengestalten besuchen könnte. Nichts gibt es von ihnen, nichts als nur den Eintrag in der Ahnentafel, den ein Buchhalter, ein Privathistoriker wie mein Vater aus einer Laune heraus zusammentrug.

Das war kein Ariernachweis, den mußte keiner aus meiner Sippe erbringen. Sicher ist nur, daß sie bei dem Wort Blutschande mehr als einmal erschrak.

Sie fragte sich manchmal, warum man den Juden so übel mitspielte. Sie schämte sich für die Schmierereien an den Schaufensterscheiben gewisser Warenhäuser, und die Stürmer-Plakate vor manchem Parteilokal mit den primitiven Karikaturen waren ihr peinlich. Die fanatischen Weiber, sie sah sie selbst bei strömendem Regen mit ihren Boykottschildern vor den Geschäften der Juden stehen, ärgerten sie. Sie wollte das alles nicht und versuchte es auszublenden, doch das gelang nicht, alle paar Wochen kam eine neue Schikane dazu. Persönlich kannte man ja keinen, von den Kundengesprächen am Ladentisch abgesehen. In Goldberg war das anders gewesen, überhaupt war man in der Provinz besser miteinander vertraut.

Es wohnte aber eine ältere Frau im Haus, Frau Salomon, im obersten Stockwerk, eine Kriegerwitwe. Der Name fiel ihr erst nach längerem Nachdenken ein, dabei hatte sie ihn unzählige Male am Briefkasten im Hausflur gelesen. Sie erinnerte sich aber, daß der einzige Sohn nach Amerika ausgewandert war, das hatte die alte Dame ihr selber erzählt. Von diesen Abwanderungen der Juden war oft die Rede, weniger von den Ursachen. Juden waren offenbar Leute, die überall in der Welt verstreut waren und noch im letzten Winkel Verwandte hatten. Mit der Zeit, als die Verordnungen verschärft wurden, sah man die alte Frau nur noch selten aus dem Haus gehen, und sie fragte sich, wie sie es da oben aushielt in ihrer Einsamkeit.

Sie versuchte es manchmal so einzurichten, daß man sich auf der Treppe begegnete, bot ihr Hilfeleistungen an, die Kohlen aus dem Keller heraufzutragen, Einkäufe zu übernehmen. Als die Lebensmittelkarten aufkamen, stellte sie fest, wieviel schlechter die Juden gestellt waren, und begann von ihrer Zuteilung etwas abzugeben. Erst als der Judenstern Pflicht wurde und außer Haus getragen werden mußte, bemerkte sie, wie viele der Dresdner davon betroffen waren. Es bestürzte sie, wenn sie sah, wie scheu die Markierten sich in der Öffentlichkeit bewegten, gesenkten Blickes oft, wie sie sich schnell in Nebenstraßen zurückzogen, sobald ein Uniformträger auftrat oder freche Bengel ihnen hinterherpfiffen. Das war etwas, das sie im Innersten erschütterte und ihr Empfinden auf die härteste Probe stellte. Ohnmachtsgefühle, die man keinem mitteilen konnte und die sie begleiten würden ihr Leben lang. (Wie sollte man das den Enkeln erklären?) Die Judengesetze, eine staatliche Maßnahme, schärften ihren Sinn für Ungerechtigkeit auf eine Weise, von der sie sich nichts hätte träumen lassen. Plötzlich erinnerte sie sich wieder an alle Details. Nur soviel wußte sie: Die alte Dame im Haus hatte das nicht verdient.

Einmal war ein Rollkommando bei ihr aufgetaucht, spätabends, sie hatten die Wohnungstür aufgebrochen und alles durchwühlt. Als die Luft endlich rein war, hatte Oskar sich hinaufgewagt, sie hatte im Hausflur gewartet. Hatte lange von unten gelauscht, ihr Wimmern da oben gehört, bis sie es nicht mehr aushielt. Da war sie selber hinaufgestiegen, um das Chaos mit eigenen Augen zu sehen: Schränke und Lampen waren umgeworfen, Spiegel zerbrochen wie nach einer Razzia. »Tut mir so leid, tut mir leid«, hatte die Frau gesagt und die Hände vors Gesicht geschlagen. »Alles gut. Mir ist nichts passiert.«

Aber man sah ja, was da passiert war, es überstieg ihre Vorstellungskraft. Und Frau Salomon in ihrer Aufregung hatte, schluchzend wie ein Kind, in radebrechender Rede berichtet, wie die Männer gekommen waren, und waren umhergestiefelt, hatten die Wohnung in Beschlag genommen und alles demoliert. Hatten die Schubladen herausgerissen, das Geschirr auf den Boden geschmissen, Tische und Stühle beiseitegefegt, und gründlich waren sie vorgegangen, sehr gründlich. »Nichts gegen Sie, gute Frau«, hat einer gesagt. Und ein anderer hatte gebrüllt »Was Frau? Judensau!« An die Worte erinnerte sie sich, die hallten nach durch die Zeiten. Oskar hatte sogleich mit dem Aufräumen angefangen. Er hatte getan, was man in so einer Situation einzig tun konnte, während sie die Frau zu trösten versuchte so gut es ging.

Und etwa drei Jahre danach – nach dem, was in der Reichskristallnacht geschehen war (das Wort klirrte so gruselig, sie mußte immer an das Scherbenmeer in den Dresdner Straßen denken), kamen Herren in Trenchcoats und holten sie ab. In aller Frühe, unangekündigt, plötzlich war sie fort. Keiner hatte sie seither mehr gesehen, die Wohnung stand noch eine Weile leer. Eine Familiengeschichte, eine von vielen.

Mehrmals hatte sie auch den Gauleiter Mutschmann in der Öffentlichkeit gesehen. Der Mann mit der breit grinsenden Boxervisage war eine Art Nazi-Original. Sein Auftreten beschäftigte die Dresdner, weil er ständig in der Zeitung war. Daß ein so Mächtiger unfreiwillig so komisch sein konnte, machte die Runde. Es kursierten jede Menge Witze über den kleinen Choleriker, den die Sachsen hinter vorgehaltener Hand nur König Muh nannten. Einmal war sie dabei, im Winter 1937, wie er bei den Ski-Meisterschaften in Altenberg im Erzgebirge leutselig umherstapfte, stolperte, in den Schnee fiel, wieder aufstand und sich feixend abklopfte. Da war er ausnahmsweise einmal in Zivil unterwegs, trat als Freund des Wintersports auf, schüttelte überall Hände, der kleine Reichsstatthalter, der sich für ungeheuer populär hielt. Sie hatte sich die Szene am Rande der Sprungschanze gemerkt, weil es einer der seltenen Ausflüge war, den sie gemeinsam noch unternahmen. Damals war sie im fünften Monat schwanger, der Bauch schon deutlich gerundet.

Im Juni kam Gisela, ihre erste Tochter, zur Welt.

Und im Mai, als der Kinderwagen gekauft war und bei der Nähmaschine sich die Windeln und Leibchen stapelten, geschah eine Katastrophe, die allen zu denken gab. Tagelang war die Nachricht in aller Munde und ließ sich nicht unterdrücken. In Lakehurst, draußen vor den Toren New Yorks, war ein deutscher Zeppelin beim Landeanflug in Flammen aufgegangen und verpufft wie einer der schönsten Träume.

Es war der letzte Transatlantikflug eines deutschen Luftschiffs, und nicht irgendeines war das, sondern die Hindenburg, Deutschlands ganzer Stolz. Keine andere Industrienation hatte ein Luftschiff von dieser Größenordnung in den Himmel und über die Meere entsandt. Die Deutschlandfahrten der monströsen Silberzigarre waren Legende. Vor einem Jahr noch, bei den Olympischen Spielen in der Reichshauptstadt Berlin, hatte sie über dem Stadion geschwebt und zum Erstaunen tausender Zuschauer die olympische Flagge entrollt, kurz bevor der Schirmherr Adolf Hitler in Uniform auf der Tribüne erschien. Nicht nur Dora war die Explosion von Lakehurst als ein Menetekel erschienen. Das Datum hatte sich ihr eingebrannt, weil es auf unheilvolle Weise mit der Geburt ihres Kindes in Zusammenhang stand.

Es kam der Sommer, und sie zog sich zurück, ging ganz in der Mutterrolle auf. In der letzten Zeit war sie damit beschäftigt gewesen, das gemeinsame Heim auszustaffieren mit allerlei Gebrauchtmöbeln, günstig erstandenem Porzellan und einer Sammlung von Kochtöpfen, die ihren Platz über dem Herd fanden, so wie sie es einmal in einem Heimatmuseum gesehen hatte: ein Märchen aus alter Zeit. An jedem Freitagabend schmorte der Braten im Topf, wenn er von seinem blutigen Handwerk heimkehrte. Über die Arbeit im Schlachthof wurde so gut wie nie gesprochen, außer wenn Oskar sich wieder einmal verletzt hatte und sie am Feierabend die Schnittwunden versorgte. Nach all dem Gebrüll bei der Tötung, dem Getöse in der Fleischhackanstalt gab Oskar zuhause den Stummen, ausgelaugt war er und schlief am Wochenende gern aus. Die Litanei von den Tiermassakern, der Massenschlachtung blieb ihr erspart. Sie spürte seine rauhen Hände, die sie nachts berührten und stellte sich keine Fragen. Sie wußte ja von den Abläufen, und daß die Tiere das Schlachten witterten und sich aufbäumten, hatte sie als Mädchen vom Land mit eigenen Augen gesehen. Das ohrenbetäubende Gebrüll der geschundenen Kreatur sich auszumalen, den höllischen Lärm in den Schlachthallen für das Großvieh, das Zerhacken der Leiber, die Schlepperei in den Kühlhäusern und die Sturzbäche von Blut, schäumend in den Abflußrinnen, warum? Entgleite nicht, du Glück der Einfachheit.

    Aber mit den Sachsen war sie immer gut ausgekommen. Eigensinnige Leute waren das, viele ein wenig eingebildet, arrogant und wehleidig zugleich, ewige Meckerer, die sich manches auf ihre Gemütlichkeit zugute hielten, ihre feine Lebensart, und daß man den Blümchenkaffee aus Meißner Porzellantassen trank. Schade nur, daß sie so launisch waren und alles jäh umschlagen konnte in Bosheit und Mißtrauen, wenn einer nicht mitlachte und nicht mitmachte, so wie sie es sich vorstellten. An die schwierige Mundart konnte sie sich nur schwer gewöhnen, bis sie selber zu sächseln begann. Das ging dann sehr schnell, und es war auch gut so, wenn man nicht auffallen wollte. Wie oft kam man in die Verlegenheit, den Leuten nach dem Mund reden zu müssen. Besser, man verstellte sich, dann war alles ganz einfach.

Beim Besuch des berühmten Hygienemuseums wurde ihr die Dringlichkeit der Volksgesundheit nahegelegt. Der Gläserne Mensch gehörte zu den Hauptattraktionen, beim Anblick der im Dunkel leuchtenden inneren Organe und Nervenbahnen war sie genauso elektrisiert wie alle. Auch eine Kuh mit Organbeleuchtung war da zu sehen. Es gab Ausstellungen zum Thema Gesunde Frau und zur Reinheit der Rasse mit Schautafeln, die ihr die Gefahren von Mischehen aufzeigten und daß man das Erbgut bewahren mußte wie der Bauer sein Saatgut. Die Allgegenwart der Marke Odol machte ihr das Zähneputzen zur Verpflichtung. Es war, als würde von nun an ein strahlendes Auge sie auf all ihren Wegen begleiten. Aus jeder Reklame der heimischen Marke sprang es ihr fordernd entgegen: Lebe gesund!

Wie wahrscheinlich war die Aussicht alt zu werden? Auch dies wurde ihr drastisch vor Augen geführt, nicht nur im Museum, auch in den vielfach eintreffenden Werbebroschüren der Versicherungsanstalten. Hundert Zwanzigjährige stiegen gemeinsam eine Treppe hinauf, die sollten die Altersstufen markieren, eine Art endloser Schautreppe wie in den Revuefilmen mit ihren Tanzeinlagen. Und du mein Schatz fährst mit! Im vierzigsten Lebensjahr waren es noch 86, und nur elf von ihnen erreichten das achtzigste Lebensjahr. Und woran starben all diese Menschen? Ein Zehntel an Altersschwäche, aber neun Zehntel wurden von Krankheiten dahingerafft – solchen der Lunge und der Atmungsorgane, auch an Herz- und Kreislauferkrankungen, an Gehirn- und Nervenleiden, viele an Krebs. Wie absurd, dachte sie später

manches Mal, wie zukunftsblind solche Statistiken waren. Wer hatte bei diesen Prognosen schon den Krieg mitbedacht, den Untergang ganzer Städte? Und wie mußte wohl die Lebenserwartung in den Konzentrationslagern sein, von denen man immer hörte? Überall Hinweistafeln, Gebotsschilder, Plakate, auf denen vor Schädlingen aller Art gewarnt wurde. Hände waschen! war ein Befehl, der einem allerorten begegnete, nicht nur auf den öffentlichen Toiletten. Sauberkeit war das Zauberwort der Stunde, man sprach von Schädlingsbekämpfung, wie man von den Juden als Gefahr für den Volkskörper sprach. Aber das kannte sie und hatte gelernt abzublenden, das war Propaganda, die sie immer als Zumutung empfand. Bedrängender war da schon die Kampagne: Alle Volksgenossen vor den Röntgenschirm!

Es war reine Nervensache, sich davon nicht verrückt machen zu lassen. Ganz Dresden erschien ihr manchmal wie ein Museum, in dem man von allen Seiten belehrt und berichtigt wurde. Rote Pfeile deuteten auf besonders gefährdete Organe und Körperteile. Einmal schockierte man sie mit einer bildlichen Darstellung über die Kinder alkoholliebender Väter, die in dem guten Rat gipfelte: Frauen, die ihr glückliche Mütter werden wollt, heiratet keine Freunde des Alkohols! Zum Glück trank Oskar nicht. Nun gut, gelegentlich ein paar Biere, doch das war schon alles.

Und als wären sie alle Indianer, redeten sie unablässig von diesem Karl May und pilgerten in das stadtbekannte Museum in Radebeul, wo die Skalps in speziellen Schränken ausgestellt waren und der Irokesenhäuptling, buntbemalt und tätowiert, in einer Vitrine stand. Und mancher war stolz darauf, daß auch der Führer keinen größeren Schriftsteller unter der Sonne kannte als diesen Sachsen, dessen Abenteurromane er schon in seiner Jugendzeit in Linz verschlungen hatte. Als dann der Rußlandfeldzug begann, hieß es immer, das sei nur ein Scharmützel wie der Kampf der weißen Siedler gegen die Indianer, ein Indianerkrieg im Grunde nur, in wenigen Wochen zu erledigen dank der technischen Überlegenheit der Wehrmachttruppen. Und wie die wilden Rothäute sollten sie die Russen bekämpfen, sie hinter Bäumen und unter Brücken versteckt erwarten und dann anspringen und töten.

An den Ausflug mit Oskar, eines schönen Sommernachmittags in die Villa Bärenfett, wo sie der komische Amerikaner mit seiner Silberbüchse willkommen hieß, dieser charmante Kerl, Mr. Patty Frank, erinnerte sie sich ein Leben lang. Weil ihr beim anschließenden Tanz in der Wirtschaft die Strumpfnaht geplatzt war und sie plötzlich einen Riesenappetit hatte. Zum ersten Mal war sie sturzbetrunken gewesen und hatte es gleich gespürt: jetzt bin ich schwanger, und wollte nur noch nach Hause und freute sich auf ihr Bett.

Und immer wieder hieß es: Auf in die Oper! Als wären sie alle persönlich von der Muse geküßt mit ihrem grandiosen Richard Wagner. Der Name verfolgte sie, und sie fragte sich manchmal, warum der so mächtig berühmt war, berühmter als Willy Fritsch und Lilian Harvey. Und eigentlich fragte sie sich das nicht wirklich, sie wußte ja, daß sie schrecklich ungebildet war und ärgerte sich nur immer über all die verpaßten Gelegenheiten, und daß ihr so oft die Zeit für Kultur fehlte. Dann kamen wieder irgendwelche Reichsfesttage, und der Minister Goebbels oder einer seiner Stellvertreter war anwesend, aber die Karten waren alle ausverkauft, und sie sah wieder nur in die Röhre. Niemals den Ring des Nibelungen gesehen, die Meistersinger dieses größten Sachsen unter den Komponisten. Sie wäre gern wieder in die Oper gegangen, das eine Mal war sie doch über sich hinausgewachsen, aber immer fehlte für solche Extravaganzen das Geld. Wenn Oskar sie ausführte, ging er mit ihr höchstens in eins der Bierlokale, manchmal »in etwas Besseres«, auf die Caféterrasse am Carolasee im Großen Garten mit anschließender Ruderbootfahrt oder zum Kugelhaus, weil man dort draußen sitzen und sich den Leuten zeigen konnte. Dann zog sie ihr bestes Kleid an, fühlte sich jung und alles war möglich, alles Blut aller Schlachthöfe war von ihnen abgewaschen.

Verdammt, wer sind wir denn, daß wir so leben müssen, immer im Strudel der Ereignisse, von Hasadeuren und Raufbolden geführt? Adolf Hitler war ihr persönlicher Widersacher. Kein Tag verging, in dem er sich nicht in das Leben der junge Familie eingemischt hätte. Aus allen Hinterhöfen hörte man sein Gebrüll. Er kroch unter der Türschwelle hindurch mit Zeitung und Wurfpostsendung und führte sich auf wie der gute Onkel, der alles versprach – sie aber glaubte seinen Beschwörungen nicht, und daß er immer von Vorsehung sprach und Schicksalsgemeinschaft, machte ihr Angst, aber das konnte sie keinem sagen. Immer hin- und hergerissen zwischen Bangen und Hoffen.

Der Anschluß Österreichs, das Münchner Abkommen, und dann der Einmarsch in die Tschechei, ein reines Räuberstück. In Prag, das so nahe lag, gleich hinter den sieben Bergen der Sächsischen Schweiz, wehte jetzt die Hakenkreuzfahne auf dem Hradschin – und hatte es nicht geheißen, man wolle die Tschechen in Ruhe lassen, wenn die Sudeten erst heim ins Reich geholt waren? Immer dieser Jubel wie aus Fußballstadien nach einem Torsieg, und dann die entsetzliche Stille, in der sie wieder etwas ausbrüteten in der Reichskanzlei in Berlin. Aber man ahnte, lange würde die Welt sich das nicht mehr gefallen lassen.

Und Panzer rollten vom Fließband, Bomber und Jagdflugzeuge wurden getestet und neue U-Boote, und Schlachtschiffe liefen vom Stapel und klatschten unterm Beifall der Werftarbeiter auf die Wasserfläche, daß es schäumte.

Sie ging durch die Straßen Dresdens und dachte darüber nach, was zum Leben noch fehlte. Die Rasenbank am Elterngrab fiel ihr ein, aber sie, die ihre Mutter früh verloren hatte, war nur selten am Grab gewesen, und nun war sie froh, daß sie die ganze Mischpoke da drüben in Schlesien hinter sich gelassen hatte mitsamt dem Vater und seinen Ziegen.

Oskar, was hätte sie ohne ihn je getan? Duldsamkeit war seine Stärke, er hielt das alles aus und legte sich krumm für die neue Häuslichkeit. Manchmal floh er vor der Weiberwirtschaft und verbrachte den Abend mit seinen Kumpanen in einer Kneipe. Schlug aber niemals über die Stränge, war immer da, wenn man ihn brauchte, sie hatte sich nicht verrechnet in ihm. Nur was sich da draußen im Reich zusammenbraute, machte ihr Sorgen. Darüber redete man lieber nicht so laut.

Plötzlich war wieder SA auf den Straßen. Das hatte sie nie vergessen: Wie er einmal mit blutiger Nase nach Hause gekommen war, weil er sich geweigert hatte, einen Trupp Braunhemden auf der Wilsdruffer Straße zu grüßen. Das war so schnell gegangen, einer der Kerle war ausgeschert und hatte ihn direkt ins Gesicht geschlagen. Es gab etwas, das mächtiger war als das kleine Lebensglück, ein Drache, dem man am besten auswich, wo immer er seine Pranken erhob. Das war die Haltung in all den Hitlerjahren: Sieh zu, daß du ohne anzuecken über die Runden kommst. Während Deutschland zu neuer Größe erwachte, waren die Wachtels damit beschäftigt, sich einzurichten unter einem Gletscher, der jederzeit schmelzen konnte. Es war nicht so, daß sie von all dem nichts mitbekam. Sie las in der Zeitung, wie Deutschland größer wurde und der Führer die Welt das Fürchten lehrte. Sie mochte ungebildet sein, aber in Geschichte hatte sie aufgepaßt. Denn dumm war sie nicht, und konnte einordnen, was da geschah und wie eines zum anderen führte. Zu denen, die zeitlebens im Dunkeln tappen und blind zum Himmel aufschauten, gehörte sie nicht.

---

## DURS GRÜNBEIN

Der Dichter geht zurück. Er gräbt aus seinem Kopf Erinnerungen und schildert verschiedene Aggregatzustände seines Ichs. Unweigerlich landet Durs Grünbein in Dresden, denn dort wurde er 1962 geboren. Als er in Hellerau aufwuchs, kam er nicht umhin, auf die Stadt hinabzusehen. Die Alten erzählten ihm vom Verlust des Zentrums da unten. Oben in Hellerau gab es genug Versuche, ein anderes Glück zu suchen. Gartenstadt mit Architekturhäusern, Festspielzentrum mit Avantgardeambitionen. In seiner Kindheit saßen da die Sowjetsoldaten. Begegnungen mit ihnen beschreibt der Dichter in seinem Buch »Die Jahre im Zoo« wie einer, der aus einem anderen Land erzählt. Von dort ging er schnell fort, studierte Theaterwissenschaften in Berlin, brach das ab, arbeitete danach für verschiedene Zeitschriften, nahm sich nach 1989 die Reisefreiheit, fuhr durch Europa, Südostasien und in die Vereinigten Staaten. Dresden von außen immer im Blick. Der Dresdner gilt heute als einer der bedeutenden deutschsprachigen Poeten, schrieb gut 30 Bücher, sammelte Literaturpreise ein wie andere Sportpokale. Er lebt in Rom und in Berlin, ist Poetik-Professor an der Heinrich-Heine-Universität in Düsseldorf. Als wir ihn fragten, ob er für dieses Buch etwas schreiben möchte, sagte er sofort zu. Schließlich geht es um seine Heimatstadt. Die braucht Aufklärung.

»Die Postkarten sind alle aus meiner privaten Sammlung. Es gibt inzwischen ein umfangreiches Bildarchiv mit Dresden-Motiven aus den ersten 70 Jahren des zwanzigsten Jahrhunderts. Gejagt wird das alles im Netz, auf Flohmärkten, bei Antiquaren und Fotohändlern. Die Städte werden ja immerfort umdekoriert, Straßen umbenannt, Häuser werden abgerissen, durch Krieg und Wirtschaft zerstört, auch wieder aufgebaut, die Architektur wird ausgetauscht usw. Das alles läßt sich durch Ansichtskarten und Fotografien dokumentieren. Ich sammle diese als Beweismittel und Anschauungsmaterial historischer Momente.«

INSELN DER ERINNERUNG AN HEIMAT

Text × **Tomas Gärtner**

# INSELN DER ERINNERUNG AN HEIMAT

Knotenpunkte russischen Lebens in der Stadt

### Rusmarkt

Die Nase ist auch ein Erinnerungsorgan. Diesen Tag 2007, als sie zusammen mit Arnold Polinski den »Rusmarkt« an der Pfotenhauer/Ecke Gutenbergstraße in Dresden-Johannstadt eröffnete, wird Ludmila Brehm nie vergessen. Bevor die ersten Kunden hineindurften, hob sie den Deckel einer Pralinenschachtel, schloss die Augen und sog tief ein. »Das roch wie zu Hause.«

In den Regalen der 250 Quadratmeter großen Markthalle reihen sich abgepackt Geruch und Aroma der Heimat auf. Gesalzener Hering, Kaviar, Krimsekt, Mayonnaise, Chalwa und Sonnenblumenkerne – »das ist der Geschmack meiner Kindheit«, sagt Ludmila Brehm.

Aufgewachsen ist die 63-Jährige in Istra, einer Großstadt 50 Kilometer westlich von Moskau. Dort hat sie eine technische und eine kaufmännische Ausbildung absolviert, im Jugendamt gearbeitet und Kinder betreut. 1987 lernte sie einen Dresdner kennen, der dort Hochspannungsanlagen montierte. 30 Jahre waren sie verheiratet, bis zu seinem Tod. 1992 hat er sie mit nach Dresden gebracht. »Ich konnte nur wenig Deutsch. Jeden Tag habe ich gelernt.«

Sie war fest überzeugt: Wer ernsthaft sucht, findet auch Arbeit. Auf einem Spaziergang über die Prager Straße entdeckte sie an einer Bäckerei einen Zettel: »Verkäuferin gesucht«. Sie stellte sich dem Besitzer vor. »Verstehen Sie denn auch Sächsisch?«, fragte der. »Ich verstehe nur Sächsisch«, entgegnete sie – und bekam die Stelle. Später hat sie mal in einem Büro, mal bei Kaufland gearbeitet. Bis sie von Arnold Polinskis Plänen erfuhr.

Der ruhige Mann von riesiger Statur, Jahrgang 1961, ist 1997 als russlanddeutscher Spätaussiedler aus Kasachstan nach Deutschland gekommen. Damals gab es bereits die ersten russischen Läden, aber nur kleine. In Coswig hat er 1999 den ersten größeren Supermarkt eingerichtet. Mit einem Kleinbus war er als rollender Lebensmittelhändler unterwegs. Er hat einiges versucht. Klappte es nicht, probierte er es anders. »Es war ein steiniger Weg«, sagt er. »Aber jetzt geht es gut.« Einmal im Leben ein richtig großes Geschäft – diesen Wunsch hat er sich 2012 erfüllt, mit dem zweiten Rusmarkt im Einkaufszentrum am Amalie-Dietrich-Platz in Gorbitz, seit 2017 »Mix-Markt«. Die ganze Produktpalette auf über tausend Quadratmeter. 25 russische Mitarbeiter beschäftigen sie an beiden Standorten.

Etwa die Hälfte der Kunden seien Russen, sagt Ludmila Brehm, 30 Prozent Deutsche und 20 Prozent aus anderen Ländern. Afrikaner etwa haben im Kwas, einem erfrischenden Getränk aus vergorenem Brot, etwas entdeckt, das es so ähnlich auch bei ihnen gibt.

Ist Ludmila Brehm zwischen den Regalen unterwegs, sind die Taschen ihrer Schürze gut gefüllt. Kinder wissen, Tante Mila hat immer ein Bonbon für sie. Freitags oder sonnabends sitzt sie gern an der Kasse. »Da kommen am Tag vielleicht tausend Menschen. Hundert von denen umarme ich.« Ein Schwatz gehört zum Einkauf. Manche von den älteren Frauen erscheinen jeden Tag. Mit ihnen seufzt und lacht sie, tröstet und hilft, greift auch schnell zum Smartphone, um ihnen bei einer Ärztin einen Termin zu verschaffen. Die Ecke über dem Packtisch ist eine Informationsbörse: Auf Zetteln und Plakaten werden Kurse, Vorträge, Konzerte und Dienstleistungen angeboten.

Am ersten Sonnabend im Mai laden sie draußen vorm Einkaufszentrum zur Grillparty. Dann greift Ludmila Brehm zum Akkordeon, spielt eine Zyganotschka, die Leute tanzen und singen. Mehr als 20000 Dresdner Bürger stammen aus Russland oder anderen Staaten der ehemaligen Sowjetunion. Ihr Leben spielt sich mitten in der Stadt wie auf heimatlichen Inseln ab. Der Rusmarkt ist eine davon. Willkommen ist auf der jeder, sagt Ludmila Brehm. Hier empfindet man sich nicht als Kunde, sondern gern gesehener Gast. »In der Seele bleibt man eben Russin.«

**Russischunterricht in Gorbitz**

Einmal in der Woche, am Montagabend, ist Konstantin Naumann das, was er sich immer gewünscht hat: Lehrer. Nur nicht in einer Schule, sondern im evangelischen Philippus-Kirchgemeindezentrum, einem 1992 errichteten blassroten Klinkerbau. Hier in Gorbitz, dem DDR-Neubauviertel, das Anfang der 1980er am Westhang hochwuchs, leben in den

Plattenbauten mit den niedrigen Mieten besonders viele, die aus Russland stammen. Kornelia Böttrich, die Frau des Pfarrers, versammelt regelmäßig einen Kreis um sich, um mit ihnen im Gespräch Alltagsdeutsch zu üben. Konstantin Naumann ist dabei. Warum das Lehren eine Einbahnstraße sein soll, hat sie nicht eingesehen. 2010 fragte sie Konstantin Naumann, ob er nicht Russischunterricht geben wolle. Der Russlanddeutsche, geboren 1949 in Schachrisabs bei Samarkand, sagte sofort zu. 25 Jahre war er in Usbekistan Lehrer für Deutsch, Ethik und usbekische Sprache.

In diesem Beruf hätte er gern weitergemacht, als er 1996 mit seiner betagten Mutter nach Deutschland übersiedelte. In das Land, von dem sie in Usbekistan immer schwärmten, wie ordentlich, pünktlich und diszipliniert dort alle seien. Mehrere Jahre paukte er in Kursen für Deutsch und Sozialpädagogik, war Praktikant in einem Kindergarten in Radebeul, ließ sich von zehn Personen prüfen, beantwortete 48 der 52 Fragen richtig. »Ich habe ihnen angeboten, erst einmal drei Monate in einer Schule zu arbeiten, auch ohne Geld«, erzählt er. »Nein, hieß es. Sie hätten keine Stelle für mich.« 14 Jahre hat Konstantin Naumann vergebens gewartet.

Seither kann er im Wochenrhythmus seine Leidenschaft leben. Drei Männer und drei Frauen sitzen an einem großen Tisch, vor sich Wörterbücher, die russischsprachige Monatszeitung »Wostotschnaja Germania« (»Ostdeutschland«), Kopien eines Artikels aus der Zeitschrift »TV Rus«. Sie wollen ihr lückenhaftes Schulrussisch aktivieren. Weil es eine schöne Sprache sei, sagen sie. Russland komme ihnen heute viel zu kurz. Dafür sei das Unverständnis immens. »Auf Arbeit darf ich keinem erzählen, dass ich Russisch lerne«, meint eine der Frauen. »Die rollen mit den Augen.«

Hinter Konstantin Naumann hängt eine große Russlandkarte. Nach und nach lässt er die 15 russischen Fragen vorlesen, die er an die Tafel geschrieben hat. Reihum kramen seine Schüler hervor, welche russischen Städte, Schriftsteller, Poeten und Komponisten sie kennen. Er zieht sie in einen nicht abreißenden Strom von Fragen und Antworten, ergänzt Worte, korrigiert Endungen, lobt mit »Prekrasno, Molodjez« (»Hervorragend, Prachtkerl«).

Das, sagt er, sei das Schönste für ihn: »Mit Sprache zu arbeiten und Aufmerksamkeit zu schenken.« Zu Hause schaue er nur deutsche Fernsehsender, spreche mit den Nachbarn deutsch. Gelegentlich schaut er sich usbekische Filme an. »Und wenn ich die Lieder höre, tanze ich manchmal.«

## Deutsch-Russisches Kulturinstitut

Wolfgang Schälike schätzt Systematik und Genauigkeit. Die aus Russland und der ehemaligen Sowjetunion stammenden Dresdner ließen sich in vier Gruppen einteilen, legt er dar. Erstens, Partner, die Studenten während des Studiums in der Sowjetunion kennenlernten und mitbrachten. Zweitens die Aussiedler, die Russlanddeutschen, die größte Gruppe. Einige seien bereits zu DDR-Zeiten gekommen, die Meisten nach 1990. Drittens, jüdische Kontingentflüchtlinge. Viertens, Frauen zumeist, die einheimische Männer in den zurückliegenden 20 Jahren heirateten.

Der 83-Jährige, studierter Flugzeugingenieur und promovierter Mathematiker, sitzt im Erdgeschoss einer 1894 aus gelbem Klinkerstein erbauten historischen Villa an der Zittauer Straße in der Albertstadt. An den Wänden hängen Porträtzeichnungen aus dem 19. Jahrhundert von Maria Polenowa, Mutter des berühmten russischen Malers Wassili Polenow. Auf dem Bildschirm in der Ecke läuft russisches Fernsehen. Hier befindet sich das Deutsch-Russische Kulturinstitut (DRKI), das er 1993 mit seiner 2019 verstorbenen Frau Valerija gegründet hat – eine Begegnungsstätte mit Bibliothek, etwa 25 000 russischsprachige Bücher umfasst sie. Mit Seminaren, Vorträgen, Ausstellungen, Filmen, kleinen Theatervorstellungen, Konzerten pflegen sie den Kulturdialog. An dieser Nahtstelle zu arbeiten, sei nicht gerade leicht angesichts der Spannungen zwischen Russland und Europa, sagt er. Gerade deshalb aber umso nötiger. Die Bibliothek finanziert die Stiftung »Russki Mir«. »Eine Propaganda-Einrichtung«, hört Schälike manchmal. Genau diese Vorurteile machten seine Arbeit so schwer.

Besonders wichtig ist ihnen die Literatur. In den 1990er-Jahren waren die Großen hier zu Gast: der Dichter Jewgeni Jewtuschenko, Schriftsteller wie Tschingis Aitmatow, Daniil Granin, Anatoli Pristawkin oder der Liedermacher Bulat Okudshawa.

Einem weltbekannten haben sie ein Denkmal gesetzt: Fjodor Dostojewski. Der 46-Jährige, der fließend Deutsch sprach, kam 1867 mit seiner 25 Jahre jüngeren Frau Anna zum ersten Mal nach Dresden. Von 1869 an blieben sie fast zwei Jahre, in denen er an seinem Roman »Die Dämonen« schrieb. Stundenlang stand er in der Gemäldegalerie wie gebannt vor den Bildern. Über seinem Sterbebett in Sankt Petersburg hängt eine Kopie von Raffaels »Sixtinischer Madonna«. Seit 2006 sitzt er in sich gekehrt auf einem Denkmalsockel am Elbufer neben dem Sächsischen Landtag, in

Bronze gegossen von dem Moskauer Bildhauer Alexander Rukawischnikow.

Jedes Jahr am ersten Oktobersonntag brennt ein Lagerfeuer im Garten hinter dem Haus. Poesiefreunde rezitieren Verse von Marina Zwetajewa. Als 18-Jährige verbrachte die Dichterin den Feriensommer 1910 gemeinsam mit ihrer zwei Jahre jüngeren Schwester Anastasia in der Familie des Pfarrers Bachmann auf dem Weißen Hirsch. 2017 haben Literaturfreunde vom DRKI dort vor dem »Norwegischen Haus«, Rißweg 14, eine Gedenktafel angebracht.

Wolfgang Schälike ist 1937 in Moskau als Sohn deutscher Eltern geboren, die seit 1931 dort für die Komintern, die Kommunistische Internationale arbeiteten. Sein Vater Fritz Schälike kam 1946 nach Dresden, gründete die »Sächsische Volkszeitung«, die später »Sächsische Zeitung« hieß, dann den Dietz-Verlag in Berlin. Deutsch lernte Wolfgang Schälike erst hier. »Die Zweisprachigkeit zu erhalten, ist ein wichtiges Anliegen unseres Vereins«, sagt er.

»Denn das Schlimmste ist diese Halbsprachigkeit«, wirft Vitaly Kolesnyk ein. Der 46-jährige Philologe stammt aus dem ukrainischen Charkow und kam 2001 als jüdischer so genannter Kontingentflüchtling nach Dresden. Jetzt leitet er die Bibliothek des DRKI. »Nach zwanzig Jahren sprechen viele hier kaum Deutsch, haben aber ihr Russisch fast verlernt.« Mit seiner Frau, der Sopranistin Anna Palimina, einer Russlanddeutschen aus Chisinau in Moldawien, spricht er beide Sprachen. Bei »Kolibri«, dem interkulturellen Kinder- und Elternzentrum, lernen bereits Dreijährige Russisch. Damit sich die Enkel in Dresden auch noch mit der Oma in Russland verständigen können. Wer arbeite oder sich in Kirche, Kultur, Sport engagiere, dem gelinge Integration am besten, sagt Vitaly Kolesnyk.

Spätaussiedler erst in Sprachkurse zu schicken und dann ihre Abschlüsse nicht anzuerkennen, hält Wolfgang Schälike für den falschen Weg. »Die Arbeitslosigkeit ist das größte Problem. Männer über 45 Jahre hat es am härtesten getroffen.«

**8. Mai**

Jahr für Jahr am 8. Mai schieben sich am Sowjetischen Ehrenmal die Zeitebenen ineinander. Aus Lautsprechern tönt das 1941 entstandene Lied vom »heiligen Krieg« der Sowjetarmee gegen die Faschisten, in das der vor 40 Jahren gestorbene Kampfliedersänger Ernst Busch mit schneidend pathetischer Stimme den deutschen Text vom »Krieg der Menschheit« einspricht. Reinhold Andert vom Oktoberklub singt Jewgeni Jewtuschenkos »Meinst du, die Russen wollen Krieg?« von 1961. Ein Mann hält ein Stalinbild hoch. Ein Jugendlicher in erdbrauner sowjetischer Soldatenuniform, eine rote Flagge mit Hammer und Sichel geschultert, kniet auf den Stufen aus rotem Meißner Granit nieder. Hinter dem Sockel lassen sich Männer in Offiziersuniformen der Nationalen Volksarmee (NVA) fotografieren. Eine blonde ältere Dame schwenkt ein weiß-blau-rotes Russlandfähnchen.

Alle legen Blumen oder Kränze nieder an dem Bronzedenkmal, das Otto Rost 1945 für den Platz der Einheit schuf, den heutigen Albertplatz. 1994 wich es dem Brunnen »Stürmische Wogen«. Seither steht es in der Parkanlage am Militärhistorischen Museum. Mit 27 Millionen Toten hatte die Sowjetunion die Hauptlast des Zweiten Weltkrieges zu tragen. Fast allen Russen sei dieses traditionelle Erinnerungsritual ein Bedürfnis, sagt Vitaly Kolesnyk, der es organisiert. Nicht nur in seiner Familie gebe es Kriegsveteranen. »Die Sowjetunion umfasste einst mehr als hundert Nationalitäten. Der 8. Mai zeigt, was uns alle verbindet: Wir haben den Faschismus besiegt.«

**Russisch-orthodoxe Kirche**

Himmelblaue Zwiebeltürme, Kuppel und Kreuz in glänzendem Gold – die Russisch-orthodoxe Kirche ist ein ungewöhnlicher Blickfang. Dass sie 1874 errichtet wurde, verdankt sie der Privatinitiative von Russen. Das Grundstück schenkte der Schiffseigner Alexander Wollner. Die Pläne zeichnete der Petersburger Architekt Harald Julius von Bosse. Drei Viertel der Bausumme spendete Simeon von Wikulin von der Kaiserlich Russischen Gesandtschaft. Gewidmet wurde die Kirche seinem Namensheiligen, dem »Heiligen Simeon vom wunderbaren Berge«.

Wie durch ein Wunder überstand sie die Bombennacht vom Februar 1945 unzerstört. Bis dahin bildete sie das Zentrum des »Russischen Viertels«, das gegen Ende des 19. Jahrhunderts südlich des Hauptbahnhofs entstanden war. Ein zweites Gebäude unweit von hier blieb stehen: das 1897 erbaute neoklassizistische Haus an der Lukasstraße, heute Sitz des evangelisch-lutherischen Landeskirchenamtes. Anfang des 20. Jahrhunderts residierte Baron Alexander von Wrangel hier als Kaiserlich Russischer Gesandter. Begraben liegt er auf dem Trinitatisfriedhof.

Russisch-orthodoxer Gottesdienst hüllt einen auf wohltuende Weise wie in ein Gewand, gewebt aus nicht abreißendem Wechselgesang in altem Kirchenslawisch zwischen Priester, Chor, Diakon, aus Weihrauch und aus dem dämmrigen Dunkel des Kirchenraumes, in dem das Gold der Ikonenwand schimmert. »Gospodi pomiluj«, »Herr, erbarme dich«, tönt die ständig wiederkehrende Formel. Laufend bekreuzigen und verbeugen sich Frauen und Männer.

»So eine Kirche ist wie ein Raumschiff«, meint Georgi Dawidow. »Ob sie in Nordafrika oder sonst wo steht. Außerhalb von Zeit und Raum kommt man hier Christus nahe.« Der 70-Jährige, aufgewachsen in Moskau, muss es wissen. Nach dem Priesterseminar in Sergijew Possad und Studium in Rom war er zwei Jahre Priester in der marokkanischen Hauptstadt Rabat. 1984 schickte ihn der Patriarch von Moskau nach Dresden. Hier hat der Erzpriester seither mehr als tausend Menschen getauft, wie er erzählt. Eine feste Gemeinde gibt es nicht. Georgi Dawidow schätzt, dass alles in allem 1 200 Menschen regelmäßig oder sporadisch die Gottesdienste besuchen. »In freudigen Situationen kommen Leute zu mir, aber auch, wenn sie Schwierigkeiten im Studium oder in der Familie haben. Dann denken wir im Gespräch darüber nach, was wir tun können, und bitten Gott um Hilfe. Wenn jemand dumme Sachen angestellt hat, beichtet er mir.« Gelegentlich wird der Erzpriester in das Gefängnis am Hammerweg gerufen zu jenen Russen, die aus der Bahn geraten sind.

In den Räumen im Souterrain probt Kantor Igor Danylyuk mit dem Chor. Frauen lehren Kinder in kleinen Gruppen Religion, basteln. Andere geben Schachunterricht. Katerina Selesnjowa verleiht aus der Bibliothek christliche

Literatur oder die russischen Klassiker. »Unsere Kirche ist auch ein Zentrum für Sprache und Kultur«, sagt Georgi Dawidow. »Mit dem Gottesdienst als Mittelpunkt.«

Der wird mehrsprachig gehalten. »Es gibt ja auch orthodoxe Familien, die kein Russisch beherrschen.« Die russischen Passagen übernimmt Georgi Dawidow. Kirchenslawisch und Deutsch überlässt er seinem Diakon Roman Bannack. Der 1975 in Dresden als Sohn eines deutschen Vaters und einer russischen Mutter geborene Dolmetscher und Übersetzer führte schon als Kind ein Leben zwischen zwei Sprachen und Kulturen. Die Eltern gingen mit dem Vierjährigen für fünf Jahre nach Moskau.

Dass es in der Beziehung zur Religion überraschende Wendungen geben kann, weiß er ebenfalls. Private Details gehören für ihn nicht in die Öffentlichkeit. Daher deutet er nur an: Ein Leben ohne Wechselfälle kann einen von Religion entfernen, der plötzliche Einbruch einer Krankheit nach einem Halt suchen lassen, wie man ihn anderswo nicht bekommt. Mit 19 hat er sich in dieser Kirche taufen lassen, besuchte häufiger Gottesdienste. Dann wollte er tiefer einsteigen, absolvierte ein fünfjähriges Fernstudium im Dreifaltigkeitskloster in Sergijew Possad, Georgi Dawidows Ausbildungsstätte.

Zur Osternacht, Höhepunkt des orthodoxen Kirchenjahres, umrundet eine Menschenmenge mit Kerzen in den Händen das Gotteshaus. Mitternacht klopft Georgi Dawidow an die Pforte, worauf sie sich öffnet und den Blick in das hell erleuchtete Innere freigibt. Die Freudenbotschaft vom auferstandenen Christus rufend, tritt die Gemeinde ins Licht. Erlebnisraum ist die Kirche, für Menschen, die aus verschiedenen Ecken der einstigen Sowjetunion stammen, wie Georgi Dawidow sagt. »Hier finden sie ein Stück Heimat.«

**Jüdische Gemeinde**

Im Gemeindehaus und in der Synagoge hört man häufiger Russisch als Deutsch. Etwa 95 Prozent der rund 700 Mitglieder der Jüdischen Gemeinde Dresden seien Zuwanderer aus den GUS-Staaten, sagt Elena Tanaeva. Sie selbst, Jahrgang 1958, stammt aus Leningrad, seit 1991 Sankt Petersburg. 1998 ist die studierte Betriebswirtschaftsingenieurin mit Eltern und Sohn nach Dresden gekommen. Seit 2005 hilft sie als Sozialarbeiterin Gemeindemitgliedern beim Ausfüllen von Formularen und Anträgen, von Kindergeld bis Rente, oder begleitet sie auf Behörden.

Wie viele hat auch sie einen Antisemitismus erlebt, der selten öffentlich bekundet wird, jedoch den Alltag durchzieht. Andere Schüler, die ebenso ausgezeichnete Noten wie sie hatten, erhielten eine Medaille, erzählt Elena Tanaeva. Sie als Jüdin könne damit nicht rechnen, habe ihr die Direktorin anvertraut. Elena Tanaevas sowjetischer Pass ist im Jüdischen Museum in Berlin ausgestellt. Unter Punkt 5, Nationalität, eingetragen ist »Jüdin«. »Das mussten wir in jedem Fragebogen angeben. Beispielsweise, wenn wir uns auf eine Arbeitsstelle bewarben.«

Eine jüdische Gemeinde habe nicht existiert. »In die Synagoge trauten sich nur an Feiertagen ein paar Menschen, fast nur Rentner. Hätten sie mich dort gesehen, wäre ich entlassen worden. Die meisten sowjetischen Juden sind deswegen religiös entwurzelt, sie beherrschen nur Bruchstücke der Tradition.« Und bekämen schon bei den kleinsten Anzeichen von Antisemitismus Angst.

Elena Tanaeva hat hier mehrfach versucht, in ihrem alten Beruf zu arbeiten. Bis ihr jemand während eines Praktikums in Düsseldorf sagte, dafür sei sie mit 45 zu alt. Die Generation der 30- bis 50-Jährigen habe kaum eine Chance gehabt, ausgenommen Ärzte, IT-Spezialisten oder vielleicht Baufacharbeiter. In der Gemeinde könnten sich jene, die keine Arbeit fänden, wenigstens nützlich machen. Neben der Gemeinschaft stabilisiere dies die Identität und das Selbstwertgefühl.

Die Hoffnungen ruhen auf den Kindern. »Mehr als 90 Prozent von ihnen haben Abitur gemacht, studiert, arbeiten als Ärzte, Juristen, Ingenieure oder in kaufmännischen Berufen. Diese zweite Generation der Migranten hat es geschafft, sich zu etablieren.« Ihr Wille dazu scheint besonders ausgeprägt. »Das ist eine alte Gewohnheit bei jüdischen Menschen«, sagt Elena Tanaeva. »Du musst dich ganz besonders anstrengen.«

**Landsmannschaft der Deutschen aus Russland**

Diese Szene vergisst Julia Herb nicht. Wie sie damals Ende der 1940er in Kopeisk im Südural ihrer Mutter entgegenrannte, die sie vom Kindergarten abholen wollte. »Mama, bitte nicht Deutsch reden!«, flüsterte sie ihr zu. Sie ertrug es nicht mehr, eine von den »Njemzy« zu sein, den »Faschisten«. Deutsch zu reden, wagten sie nur in der Wohnung. Dann aber sei es dieses Altschwäbisch der Vorfahren gewesen, die im 18. Jahrhundert unter Zarin Katharina der Großen als Kolonisten nach Russland kamen. Julia Herb hat in Dresden eine ganze Weile gebraucht, ehe sie begriff, dass »Kartoffeln« das waren, was sie als »Grumbeere« kannte.

Einmal, an der Straßenbahnhaltestelle, meldete sich ihr Smartphone. Sie hatte gerade ein paar Worte auf Russisch mit der Anruferin gewechselt, als sie eine Frau anblaffte: Wenn sie schon nach Deutschland gekommen sei und hier unser Geld kassiere, solle sie gefälligst Deutsch reden. Als Fremde wahrgenommen zu werden, das hängt ihnen an wie ein Fluch.

Durch alle Gegenden haben sie ihn mitgeschleppt. Julia Herbs Vater lebte zuerst in Aserbaidschan. Im Zweiten Weltkrieg wurde er in den Südural zwangsumgesiedelt. Ihre Mutter ist aus Kasachstan. Nach dem Tod Stalins ist ihr Vater, der in der Steinkohlegrube arbeitete, noch einmal in seinen Heimatort in Aserbaidschan gereist. In seinem Haus wohnte bereits eine andere Familie. Zurückgekehrt sagte er: »Auf uns wartet dort niemand.«

Die Schule hat Julia Herb bereits in Kasachstan besucht, dort auch Techniker/Technologe für Fleisch- und Milchverarbeitung studiert. Nach der Heirat ist sie mit ihrem Mann nach Estland gezogen. Dort, hatten sie gehört, behandle man Deutschstämmige wohlwollender. In einer Wurstfabrik und im Labor hat sie gearbeitet.

Ende 1994 ist die Familie mit den drei Kindern nach Deutschland übersiedelt. »Wir haben gehofft, von den einheimischen Deutschen freundlicher aufgenommen und als Gleichberechtigte behandelt zu werden.« Doch bis heute muss sie sich wieder und wieder dafür rechtfertigen. »Hier werden wir nur als Russen wahrgenommen.« Wohl auch, weil kaum einer ihre Geschichte kenne.

Das Büro von Julia Herb befindet sich in einem DDR-Neubaublock in der Johannstadt, einem Viertel in dem besonders viele Bewohner aus unterschiedlichen Ländern leben. An der Wand über dem Tisch hängt eine Fahne mit gelber Kornähre auf schwarzem Grund – Zeichen der »Landsmannschaft der Deutschen aus Russland«. Auf diesen längeren Namen für ihre ethnische Gruppe legen sie Wert. »Russlanddeutsche«, die verbreitete Bezeichnung, betrachtet sie als abwertende Kategorisierung.

Neigen Deutsche aus Russland zu Nationalismus und Ausländerfeindlichkeit? Manche erinnern sich an deren Demonstrationen Anfang 2016 nach dem »Fall Lisa«. Ein 13-jähriges russlanddeutsches Mädchen aus Berlin Marzahn-Hellersdorf erzählte ihren Eltern, von Flüchtlingen entführt und vergewaltigt worden zu sein. Was sich später als erfunden entpuppte. Manche erinnern sich daran, dass der 2009 zu lebenslanger Haft verurteilte Mörder der Ägypterin Marwa El-Sherbini Russlanddeutscher war. Im Kommunalwahlkampf 2014 warb die Dresdner AfD mit einem Faltblatt in russischer Sprache. Das alles sind Ausnahmen geblieben. 2019 wollen AfD-Wahlkämpfer einem mit ihnen sympathisierenden russischen Pärchen begegnet sein.

Das möge wohl sein, sagt Julia Herb. Sie jedoch habe nationalistische Äußerungen von Russlanddeutschen nicht gehört. Eine repräsentative Studie der Universität Duisburg-Essen kam 2018 zu dem Ergebnis, 15 Prozent der Russlanddeutschen hätten bei der Bundestagswahl AfD gewählt – wenig mehr als in der Gesamtbevölkerung. 21 Prozent hingegen machten ihr Kreuz bei der Linkspartei.

Ein Forschungsbericht des Bundesamtes für Migration und Flüchtlinge (BAMF) von 2013 bescheinigte den Russlanddeutschen nur mäßiges Interesse an der Politik und kaum politische Aktivität. Dafür relativ hohe schulische und berufliche Qualifikation und eine geringe Arbeitslosenquote. Die Kriminalität junger Männer sei zwar etwas höher als unter einheimischen Jugendlichen, aber rückläufig. Verglichen mit anderen Migrantengruppen seien sie zufriedener mit ihrem Leben in Deutschland.

Als Ehrenamtliche in der Migrationsberatungsstelle hilft Julia Herb vorzugsweise Russisch sprechenden Frauen und Männern, die sich mit den Bestimmungen nicht auskennen, Amtsdeutsch nicht verstehen, wissen wollen, wo überall sie sich anmelden müssen, wenn sie neu hier sind. Manche begleitet sie auf Behörden, zum Arzt oder in die Apotheke, um zu übersetzen. Mit »Silberklang«, ihrem Chor, singt sie deutsche und russische Lieder. Aufgetreten sind sie zum Beispiel im Kulturpalast oder im Landtag.

In ihrem Beruf allerdings hat Julia Herb in Dresden nie arbeiten können. Nur zwei Jahre als Büroassistentin. Die folgenden 18 Jahre in einer Arztpraxis und einer Anwaltskanzlei – als Putzkraft. Morgens 4 Uhr aufstehen, damit zu Bürobeginn alles sauber ist. »Dafür schäme ich mich nicht.« Wichtiger für sie war, nie arbeitslos gewesen zu sein. »Ich habe immer nette Leute getroffen und Deutsch gelernt. Ich kann mich nicht beklagen.«

Wegen der Minijobs bekommt Julia Herb etwas über 500 Euro Rente. »Deshalb bin ich auf Wohngeld angewiesen.« Altersarmut bezeichnet auch der BAMF-Forschungsbericht als ernsthaftes Problem, neben der Tatsache, dass viele Studienabschlüsse hier nicht anerkannt werden.

Doch Julia Herb klagt nicht. Ihre Hoffnung setzt sie darauf, dass es ihre Kinder besser haben werden. »Dass ihr etwas wert seid, habe ich ihnen eingeschärft, müsst ihr mit eurem Wissen und eurer Arbeit beweisen.« Der Sohn ist selbständig. Eine Tochter ist Verkäuferin bei H&M, die Jüngste hat ein eigenes Kosmetikstudio. Julia Herb verlangt nicht allzu viel vom Leben. Ihre Mutter habe ihr schon früher gesagt: »Deutschland ist das Land, wo man vor nichts Angst zu haben braucht, wenn man nur die Gesetze einhält.«

Aber ihr Herz sei geteilt. »Wir sind nun einmal dort geboren und aufgewachsen mit der russischen Kultur. Da ist etwas in der Seele geblieben. Das kann man nicht wegwerfen.«

---

## TOMAS GÄRTNER

Tomas Gärtner wurde 1962 in Riesa geboren. Seine frühe Kindheit verbrachte er auf dem Land als älteres von zwei Kindern einer dorthin geschickten Dorfschullehrerin und eines Bauingenieurs. 1967 zog die Familie nach Dresden. In Leipzig studierte er Germanistik und Literaturwissenschaft. Nach dem Diplom im Sommer 1989 promovierte er 1993 mit einer Arbeit über das Utopische in der Literatur. Seit 1994 schreibt er als freiberuflicher Journalist, vor allem für die »Dresdner Neuesten Nachrichten« (DNN) und für die evangelische Wochenzeitung »Der Sonntag«. Seine Themen sind Literatur, Religion und Kirche. Seit 1999 ist er evangelisch-lutherischer Christ, was er als Weg versteht. Die Veränderung traditioneller Volkskirchen hält er für unaufhaltsam. Wohin diese Reise geht, ist offen. Jedenfalls scheint es ein für die Gesellschaft folgenreicher Vorgang zu sein. Den versucht er in Ausschnitten zu beschreiben. Frömmigkeit, meint er, ist keine notwendige Bedingung dafür, um mehr über Religionen zu erfahren – als Bereicherung der Allgemeinbildung.

Seine Texte betrachtet er als Einladung dazu.

**DIE RECHTSCHAFFENEN MÖRDER**

Interview mit Ingo Schulze × **Andreas Berger**

# DIE RECHTSCHAFFENEN MÖRDER

Ingo Schulze schrieb einen Roman, er zeigt die Widersprüche Dresdens.

**Für mich ist es ein Roman, bei dem der Leser immer auf der Hut sein muss, ob das, was er gerade gelesen hat, auch so gemeint ist oder ob Sie als Autor ihn nur dazu verführen wollen, genau das anzunehmen, um ihn später zu warnen: Täusche dich nicht. Und dieses Stutzen fängt beim Titel an: »Die rechtschaffenen Mörder«. Ist das nicht ein Widerspruch an sich?**
Natürlich ist das erst einmal ein Widerspruch, aber ein Widerspruch der wahrscheinlich, wenn man unseren Alltag genauer befragt, gar nicht so widersprüchlich ist. Ist es nicht durchaus möglich, dass man etwas im eigenen Kontext Rechtschaffenes vorhat, im Endeeffekt aber vielleicht etwas Mörderisches bewirkt? Damit ließe sich unser way of life beschreiben. Ich möchte selbst gar keine Deutung des Titels geben. Dieses Wort »rechtschaffen« kommt erst auf den letzten drei Seiten und dann dreimal vor und das aus dem Munde eines Mannes, Livnjaks eines Bibliothekars und Antiquars aus Sarajevo, und der bringt zwei Welten miteinander in Beziehung: Seine eigene und die heutige Deutschlands.

**Ihre Hauptperson, der Dresdner Antiquar und Buchhändler Norbert Paulini, glaubt, der DDR-Realität irgendwie in eine Bücherwelt entfliehen zu können. Er kann Gottfried Benn aus dem Effeff zitieren, bemerkt aber nicht einmal, dass ihn beispielsweise seine Frau für die Staatssicherheit bespitzelt. Kunst als Sehnsuchtsort, der Realität zu entfliehen?**
Ja und nein. Es wird im Buch auch der Verdacht geäußert, dass man durch Lesen sein Leben verfehlen kann. Die Schwierigkeit für mich, darüber zu sprechen, ist ja, dass nicht nur ich als Autor dem Leben dieses Paulini nachstöbere, im Roman wird er auch als die Konstruktion einer anderen Figur gezeigt. Ein weiterer doppelter Boden kommt noch dadurch hinzu, dass dieser Erzähler, dieser Schriftsteller Schultze – mit t geschrieben – eben auch eine höchst fragwürdige Figur wird. Natürlich gibt es einerseits dieses Fluchtelement, aber Lesen ist auch gesteigertes Leben, ein Auftanken, um besser mit dem Leben klarzukommen. Paulini folgt seinem Traum, wenn ich dieser Erzählung glaube. Er sagt, dass Lesen für ihn die schönste Sache der Welt sei. In keinem anderen Beruf könnte er dem so ungestört nachgehen. Durch ein paar glückliche Zufälle wird er Antiquar in der DDR. Als Antiquar war er fast in einer priesterlichen Position. Er war Herr über Raritäten. Er konnte unterm Ladentisch auch mal einen Nietzsche oder einen Benn verkaufen, die es sonst nicht gab und die er natürlich auch selbst las.

**Erzählen Sie uns davon, dass Wissen und Klugheit zwei sehr verschiedene Dinge sein können?**
Das ist eine gute Unterscheidung. Intelligente Menschen müssen meiner Ansicht nach nicht kluge Menschen sein. Paulini ist durchaus ein intelligenter Mensch, weil es auch eine gewisse Weisheit oder Klugheit erfordert, sich für das Lesen zu entscheiden. Für ihn ist aber das Lesen nicht der Schlüssel zur Welt, sondern auch eine Ware, die ihm ein angenehmes Leben ermöglicht. Er verkennt völlig den Herbst '89, was ihm später zusetzt und ein schlechtes Gewissen macht. Er verfällt in so eine nachholende Dissidenz, die heutzutage häufiger anzutreffen ist. Kurzum: Er ist wohl nicht der Leser, den ich mir wünschen würde.

**Und trotzdem fragt der Autor, der dem Leben Paulinis auf der Spur ist: »Wären wir nicht ohne die Paulinis dieser Welt verloren?«**
Das ist der eine Aspekt. Da ist jemand, der die Bücher liebt und sich darum kümmert. Das Zitat stammt aus einer bestimmten Situation, in der der Erzähler Paulini ein Denkmal setzen will. In dem Moment ist seine Aufgabe, etwas zu stilisieren und damit die eigene Stadt, das eigene Herkommen, die eigene Geschichte aufzuwerten. Im Grunde will sich dieser Schultze wieder im Osten heimisch machen. Die Paulini-Erzählung ist das Ticket, auf dem er es versuchen will.

**Dann passiert aber etwas, was Ihren Autor Paulini anders sehen lässt: Die beiden werden zu Rivalen. Aus Verehrung wird Auseinandersetzung: Warum?**
Da steht eine Frau zwischen beiden, zwischen Paulini und dessen Erzähler Schultze. Dieser hält eine Rede zum Jubiläum des Antiquariats, trifft auf auf Lisa und verliebt sich in sie. Gleichzeitig ist das für diesen Erzähler Schultze auch so eine Art Zurückverlieben nach Dresden. Er wähnt sich als Autor etabliert und hofft, dass das Schillernde seiner Welt Lisa für ihn einnimmt. Er muss aber erkennen, dass für Lisa Paulini keinesfalls passé ist, der mittlerweile in der Sächsischen Schweiz ein ziemlich karges Dasein mit seinem Versandantiquariat führt. Er spürt, da ist etwas fast wie ein Widerstand gegen seinen Lebensentwurf. Lisa steht zwischen diesen beiden Männern und das fand ich als Autor wiederum ganz interessant. Dem Schultze geraten seine beiden Intentionen überkreuz. Denn Schultze kämpft mit dieser Erzählung zugleich um Lisa, die Vertraute (oder Frau?) Paulinis und muss diesen auch madig, womöglich sogar inakzeptabel machen.

**Damit der Zuspitzung nicht genug: Sie würzen das Geschehen noch mit Kriminalistischem und schicken die aus dem Westen stammende Lektorin ihres Erzählers mit einer vorgefertigten Meinung in die Sächsische Schweiz, um bestätigt zu finden, was ihr Autor über Paulini aufgeschrieben hat. Warum braucht`s diese neue Sicht?**
Die Frage ist, warum fährt die Lektorin in die Sächsische Schweiz? Ich glaube, sie hat einen Verdacht, den sie nicht haben will. Man kann's aber auch so sehen wie Sie, dass sie zumindest eine Unsicherheit hat, dass sie etwas bestätigt finden möchte, um sicher zu sein. Es brauchte noch eine Außenperspektive. Ich hätte gern mit dem zweiten Teil aufgehört, hatte das auch immer so vor, doch dann misstraute ich selbst diesem Erzähler, diesem Schriftsteller Schultze. Der durfte nicht das letzte Wort haben. Und wer kann ein Manuskript lesen, wem kann er etwas erzählt haben? Als Lektorin ist sie auf seiner Seite. Vor allem ist sie daran interessiert, dass er ein ordentliches Manuskript abliefert. Wie gesagt, den Verdacht

will sie gar nicht haben. Das Kriminalistische war bei mir gar nicht vorgesehen. Wer aber in der Sächsischen Schweiz schon mal wandern gewesen ist, der weiß, dass dort immer wieder Menschen »verschwinden«. Nicht immer ist genau zu klären, wie jemand zu Tode kam oder verschwand; also so eine Art sächsisches Bermudadreieck. Verschwundene Personen sind für die Literatur immer besonders interessant.

**Das Überraschendste an diesem Buch ist sicher für viele, dass dieser bis dato Schöngeist Paulini nach der Wiedervereinigung anfällig für rechtsradikales Denken wird. Ist Enttäuschung der Nährboden dafür?**
Es gibt bei niemandem eine Notwendigkeit, der zu werden, der man ist. Was Paulini widerfährt, kann auch zu ganz anderen Position führen. Man erlebt dieselben Situationen, beurteilt sie aber völlig konträr und lebt fortan mit verschiedenen Erfahrungen, die schwer zu diskutieren sind. Denn man hat es doch selbst erlebt! Insofern gibt es für mich auch immer eine gewisse Willkür beim Erzählen oder beim Schreiben. Hier ist es halt durch die Figur des Schultzes nochmals gebrochen. Es sagt vielleicht mehr über ihn aus als über Paulini. Aber wenn ich mich darauf einmal einlasse, kann Paulinis Veränderung gar nichts Logisches haben. Er hat zwar einige Schicksalsschläge hinzunehmen, auch aufgrund seiner Blindheit, aber das muss ja nicht zu einer rechtsextremen, rassistischen Haltung führen, beileibe nicht. Aber wie gesagt, vielleicht manipuliert Schultze. Und der aus Sarajevo stammende Livnjak fragt: War Paulini denn tatsächlich so, ist Schultze da nicht vielleicht auf jemanden reingefallen? Hat Paulini Schultze nicht irgendwie einfach nur Angst machen wollen? Klar ist nur, da ist etwas in der Luft, aber es ist nicht konkret fest zu fassen. Wenn einer Figur die Ambivalenz abhandenkommt, wird es uninteressant, sich mit ihr zu beschäftigen.

**Nach dem letzten Satz hat der Leser das Gefühl: »Vorhang zu und alle Fragen offen«. Wollten Sie auch ein Buch über Wirkung von Worten?**
Das ist eine schöne Interpretation. Ich stimme gern zu, weil es mir immer wichtig ist, wie man etwas benennt. Durch die Benennung legt man sein Verhältnis zu den anderen, zur Welt fest. Für mich ist es von großer Bedeutung, ob ich jemanden als Verlierer oder als sozial Benachteiligten charakterisiere. Gerade wenn unterschiedliche Erfahrungen erörtert werden sollen, ist es gut, diese in Form einer Geschichte zu erzählen. Dabei kommt es meiner Ansicht nach darauf an, wie die Geschichte erzählt wird. Erzählt man sie so, als sei sie der Weisheit letzter Schluss oder kann man die nicht auch anders erzählen? Gerade die Geschichten, die einem so quasi in die Pantoffeln geschoben werden, so ein schönes auktoriales, gemütliches Erzählen, wie ich es über weite Strecken mit der Antiquariatsgeschichte auch erst mal praktiziere, damit lässt sich was sagen, aber das ist auch schon diese Leimrute, dieser angeblich feste Boden, der einem irgendwann unter den Füßen weggezogen wird, um zu signalisieren: Passt auf, wenn die Dinge zu einfach, zu schön werden, da ist irgendwas im Busche. Insofern ist es auch eine Provokation für die Leserinnen und Leser.

**Eins Ihrer Wirkungsworte ist »Ost-Entleibung«. Werfen Lisa und Paulini dem Autor Schultze Ost- Entleibung vor, weil er etabliert und gut lebt?**
Der fiktive Schultze, der in Berlin lebt, aber aus Dresden stammt, hat das Gefühl, Paulini werfe ihm vor, sich einer Ost-Entleibung schuldig gemacht zu haben. Ost-West spielt natürlich eine wichtige Rolle. Die unterschiedlichen Lebenswelten sind ja Tatsache. Man muss nur sehen, wie man dieses Ost-West in die großen Konflikten einbaut, ob das jetzt Teilhabe in den Medien ist oder der Anteil an Führungspositionen, an Besitz, an Land, an Immobilien oder an Betrieben. Das ist ja in der Tat ein niederschmetternder Befund, an dem sich wohl auch kaum noch etwas ändern lässt. Anderseits geht es darum, wie wir überhaupt mit diesen Dingen umgehen. Es wäre wirklich an der Zeit – und das ist meiner Ansicht nach verpasst worden –, einfach mal genau zu schauen, was ist da Anfang der 1990er-Jahre tatsächlich passiert. Da ist selbst mir, der sich wirklich öfters damit beschäftigt, vieles neu und in gewisser Weise in dieser Dramatik ein Schock. Das sollte man gesellschaftlich zur Kenntnis nehmen, ganz egal wie man darauf reagiert. Natürlich wird es unterschiedliche Sichten darauf geben. Die Charakterisierung »Ost-Entleibung« ist ja ein Zitat einer Romanfigur. Das muss man nicht eins zu eins nehmen, aber ich fand es wichtig, so einen Vorwurf aufzunehmen, quasi an die Adresse meiner Welt. Mit dieser Figur des Schriftstellers Schultze teile ich die Erfahrung, dass, wer einen gewissen Erfolg hat, allermeistens in westlich dominierte Zusammenhänge kommt, in denen man dann mit der Frage konfrontiert wird: Bist du im Westen angekommen? Diese »Ankommen« ist meiner Ansicht nach genauso fragwürdig und falsch wie der Vorwurf der

»Ost-Entleibung«. Es geht ja nicht darum, etwas zu konservieren oder es durch etwas anderes auszutauschen.

**Nicht nur durch den Handlungsort ist Ihr Roman in Sachsen nach wie vor sehr nachgefragt und war vielen auch willkommene Lektüre in der Corona-Zeit. Und obwohl Norbert Paulini von Lockdown und Hygiene-Schutzregeln nichts wissen konnte, ein Motiv Ihres Buches wurde mir während der Pandemie noch einmal sehr deutlich: Wie sehr wir uns in Menschen täuschen können. Wird das in Krisenzeiten besonders deutlich?**
In Krisen- und Umbruchzeiten werden ja immer Seiten offenbar, die nicht oder kaum zum Tragen kommen. Ich kann ja auch von mir selbst überrascht werden und muss einen Affekt erstmal einfangen, mich fragen, wo kommt das denn her? Was sage ich da überhaupt? Im Roman geht es ja nicht nur um Paulini, den Antiquar, sondern ebenso um jenen Schultze, dessen Paulini-Geschichte wir lesen, im zweiten Teil dann seine »Beichte«. Vielleicht ist dieser »Normalo« ja sogar ein Mörder. Das heißt für mich aber auch: Indem man glaubt, selbst gegen alles gefeit zu sein, macht man schon den ersten falschen Schritt. Ich bin wirklich kein Fan von Angela Merkel, aber das heißt ja nicht, dass ich alles falsch fände, was sie macht. Und es ist ja völlig klar, dass es beim Stand unseres Wissens nicht möglich ist, alles zur richtigen Zeit richtig zu machen. Kritik kann helfen, etwas zu differenzieren und dann Entscheidungen zu modifizieren. Aber diese Ressentiments gegenüber den Schutzmaßnahmen finde ich kindisch.

**Woran liegt das?**
Verstehen kann ich das nicht. Ein Aspekt, aber wirklich nur einer, ist wohl die Sehnsucht nach Eindeutigkeit. Wenn ich mal jemanden zum Feind ausersehen habe, kann es fortan nichts mehr geben, was er richtig macht. Für viele, die niemanden kennen, die oder den es erwischt hat, bleibt die Bedrohung abstrakt, wie vieles in unserer Welt. Man möchte nur akzeptieren, was man sieht, fühlt, hört. Deshalb gibt es Übereinstimmungen mit ähnlichen Problemen, von Lieferketten, Flüchtlingen, Erderhitzung, Artensterben, Postkolonialismus, die Reihe ist leider lang. Es geht darum, Verantwortung zu tragen. Unser way of life entscheidet mit über die Zukunft dieses Planeten.

**Das Dresdner Staatsschauspiel wird am 18. März nächsten Jahres eine Theaterfassung nach Ihrer Romanvorlage zur Uraufführung bringen. Damit dürfte das Staatsschauspiel nach »Adam und Evelyn«, »Vom Wandel der Wörter – Das Deutschlandgerät«, »Peter Holtz« und nun mit »Die rechtschaffenen Mörder« das Theater in Deutschland sein, dass den ursprünglichen Theatermann Ingo Schulze als Romancier und Erzähler am häufigsten auf die Bühne bringt?**
Das ist natürlich ein großes Glück. Für mich ist es besonders schön, dass es ausgerechnet Dresden ist, zumal ich ja diejenigen, die es inszeniert und betreut haben, vorher gar nicht kannte. Ich kann mich da nur bedanken und hoffe, bei der Inszenierung des neuen Stücks öfters dabei zu sein. Mich interessiert schon sehr, wie sie den Text auslegen. Und die Inszenierung des »Peter Holtz« hat manche Seite des Romans sehr eindringlich ins Bild gesetzt.

**Ein Theaterstück selbst zu schreiben, reizt Sie nicht?**
Ich habe das schon oft versucht, aber am Ende kommt doch immer wieder Prosa dabei raus. Das liegt vielleicht daran, dass für mich der jeweilige Stil wichtig ist, die Prosa hat da mehr Möglichkeiten. Und offenbar kann man sie ja trotzdem aufs Theater bringen.

---

### ANDREAS BERGER

Wer A(ndreas) sagt bei MDR Sachsen, meint B(erger). Fast 30 Jahre ist er bei Hörfunk und Fernsehen. Den Robert-Geisendörfer-Preis hat's ihm eingebracht und eine Nominierung für den Deutschen Radiopreis. Der in DDR-Tagen studierte Journalist ist ein im Mauerbaujahr gebürtiger Dresdner und darum seit vielen Jahren damit beschäftigt, Oktober für Oktober die sächsischen Wörter des Jahres zu küren. Hauptsächlich interessieren ihn aber gute Bücher, besuchenswerte Ausstellungen und anregende Theaterinszenierungen. Wenn dann noch Zeit übrig ist, gehört die seiner Frau und den längst erwachsenen Kindern. Wer, wie er, Kunst und Kultur verfallen ist, spürt Unbehagen, dass Dresden nicht mehr als Kunststadt in aller Munde ist, sondern als Montagabendausflugsziel für PEGIDA-Spaziergänger. Da sucht er dann nicht nur nach Gesprächspartnern zu diesem Thema für seine wöchentliche Kultursendung »Aufgefallen – Das sächsische Kulturmagazin«, sondern setzt sich hin und schreibt Zeile für Zeile, dass sich in Dresden endlich etwas ändern muss.

Text × Ingo Schulze

# KAPITEL XVII

Auszug aus dem Buch
»Die rechtschaffenen Mörder«,
erschienen im Verlag S. FISCHER

Kurz vor der Geburt ihres Sohnes Julian im Juni 1989 bezogen Viola und Norbert Paulini das dank eines Kredites der Sparkasse großzügig umgebaute Dachgeschoss samt Etagenheizung und gefliestem Bad. Frau Kate hatte ihm mit dem Hinweis, dass er ja sowieso einmal alles erben werde, freie Hand bei den Veränderungen gelassen, so wurde auch das Dach vollständig erneuert. Sein Arbeitsweg erstreckte sich nun über achtzehn Stufen. Er ließ es sich nicht nehmen, aus diesem Anlass die Schilder an der Haustür wie an der Antiquariatstür zu erneuern, das heißt zu vergrößern. »Antiquariat und Buchhandlung Dorothea Paulini, Inh. Norbert Paulini.« In diesem Sommer hatte er mehr zu tun als je zuvor. Täglich erhielt er Angebote, rare Bücher aufzukaufen. Die Leute wollten keine Kommission, sie hatten keine Zeit, sie wollten ihr Geld jetzt, lächerlich wenig Geld. Sie waren mit allem einverstanden. Er hortete bereits sieben Exemplare von »Kindheitsmuster«, fünf »Kassandras« hatte er ergattert, eine vollständige Ausgabe der bisher erschienenen Werke Platonows mit makellos leuchtenden Schutzumschlägen als Doublette. Bereits Anfang Juli war sein Budget für Ankäufe um das Doppelte überzogen. Manche überließen ihm alles für hundert Mark.

»Bleiben Sie doch bei Ihren Büchern«, sagte er Ende August erschöpft zu einem jungen Paar. Die beiden erstarrten. Bleich sahen sie einander an. Auch Norbert Paulini war erschrocken. »Bitte sagen Sie nichts«, flüsterte die junge Frau. Er gab ihnen, was er bei sich hatte. Er versuchte, sie zu beruhigen. Er machte das Geschäft seines Lebens. Allein die Regale für die zwei neuen Räume hatten ein Vermögen gekostet. Sein Bücherangebot hatte sich vervielfacht. Nun war bei ihm auch eine philosophische, eine historische und eine archäologisch-kunsthistorische Abteilung zu finden, in die sich profund einzuarbeiten Norbert Paulini jeweils drei bis vier Jahre veranschlagte. Längst war ihm aufgefallen, dass ihm in den Gesprächen eine gewisse theoretische Bildung fehlte. Er ertappte sich dabei, stets mit demselben Vokabular über die Bücher zu sprechen. Er mochte sich mitunter selbst nicht mehr hören. Er

wollte Ilja Gräbendorf beweisen, dass man präzise und verständlich sein konnte, ohne ständig von Differenz, Strategie, Simulacrum oder Diskurs zu reden. Ich hatte Mühe, mich an die neuen Räume zu gewöhnen. Die wundervolle Küche war nun vollgestopft mit Verpackungsmaterial und allem möglichen Krempel. Man konnte gerade noch Geschirr abwaschen und Wasser kochen. Der kleine Tisch mit den drei Sesseln in der Diele war kein Ersatz, obwohl man dort bis in die Nacht sitzen konnte. Oft ließ Norbert Paulini seine Besucher allein, um nach dem Baby zu sehen, und kehrte später nur noch zurück, um abzuschließen.

    Im Herbst 1989 hielt sich Norbert Paulini zurück, das heißt, er nahm an der Revolution nicht teil. Sobald die Rede auf Politisches kam, wirkte er gelangweilt. Er sah darin bestenfalls Zeitverschwendung, im schlimmsten Fall ein sinnloses Opfer. Es würde sich sowieso nichts ändern. Er werde dem Staat nicht den Gefallen tun, ins offene Messer zu laufen und sein Antiquariat zu gefährden. Zukunft gab es nur für sein eigenes Reich. Da schuf er sie gerade selbst mit aller ihm zur Verfügung stehenden Kraft. Einige warfen ihm Feigheit vor, weil er Marion und Elisabeth, die eine Gruppe des »Neuen Forum« ins Antiquariat eingeladen hatten, sofort wieder vor die Tür setzte. Es geschah aus Eifersucht. Bei ihm sollte es um Bücher gehen. Jede Diskussion hatte davon ihren Ausgang zu nehmen und dahin zurückzukehren. Er ähnelte jenem Typ Pfarrer, der den Oppositionsgruppen seine Kirche versperrte, weil ihre Zusammenkünfte nichts mit Religion am Hut hatten. Norbert Paulini bestand auf dem Glaubensbekenntnis. Damals haben das viele nicht verstanden, auch ich nicht. Heute gibt es meiner Ansicht nach eine einfachere Erklärung dafür und eine weniger einfache. Norbert Paulini hatte der Gegenwart nie Zutritt gewährt – selbst seine Bestellungen beim Volksbuchhandel geschahen nahezu ausschließlich auf Drängen seiner Kunden, wie zum Beispiel von mir. Im Herbst 1989 verhielt er sich einfach wie immer. Er verachtete die Aufregung des Augenblicks. Wenn sein Antiquariat ein Widerstandsnest sein sollte, dann war es das schon immer gewesen und brauchte sich nicht zu verändern. Vielleicht aber ahnte Norbert Paulini schon früh – womöglich früher als alle anderen –, was eine grundsätzliche Veränderung der Verhältnisse auch für die Bücher und sein Antiquariat bedeuten würde. Das Einzige, was ihm an dem Aufruhr gefiel, war dessen Abwesenheit in den Zeitungen, die Viola las, ja, die sie mit einer täglich wachsenden Unersättlichkeit und Akribie studierte, die schon an Selbstgeißelung grenzte. Weder beim Stillen, noch wenn sie das Kind herumtrug, um es zu beruhigen, verzichtete sie auf Lektüre. Es war fast Mitte Oktober, als sie endlich in Tränen ausbrach, die sich durch nichts und niemanden stoppen ließen. Während sich alles änderte, wollte sich in ihrer Zeitung nichts ändern. Norbert Paulini genoß seinen Sieg.

Natürlich habe ich ihn nicht gefragt, was der Tod der beiden für sein Manuskript bedeutet. Nach seiner letzten Begegnung mit Paulini an Lisas Geburtstag erschien ihm das Geschriebene fragwürdig. Er habe dem Falschen gehuldigt, dem ganz Falschen. Es war nicht leicht gewesen, Schultze zur Weiterarbeit zu bewegen. Letztlich aber hatte ich ihn überzeugen können, indem ich erklärte, dass all das, was seiner Ansicht nach gegen den Text spreche, in meinen Augen gerade dafür spreche. Eben weil er überzeugt gewesen war, Paulini ein Denkmal setzen zu müssen und noch nichts, oder sagen wir, fast nichts von dessen Verrat geahnt habe, sei das bisher Geschriebene vollkommen brauchbar! Jetzt müsse er nur statt der ursprünglich geplanten drei oder vier Kapitel, drei oder vier andere Kapitel schreiben, in die seine neue Erfahrung einfließen müsse. Erst dadurch werde die Erzählung zur Novelle, und zwar zu einer Novelle unserer Zeit! Warum wolle er diese Steilvorlage nicht nutzen? Jetzt werde das konventionell Geschilderte, wenn auch schon für geschulte Leser durch die Überbetonung des Konventionellen von sich selbst distanziert, zur Leimrute, zur Falle für den bildungsbeflissenen, die Buchmenschen per se anhimmelnden Leser, der am Ende bestürzt erkennen müsse, wohin ihn sein kontextloser Ästhetizismus geführt habe. Im Grunde, sagte ich, habe er es gar nicht besser anstellen können – nehme man allein das Kunstwerk zum Maßstab und nicht die Bitternis seines Lebens, mit der er sein Meisterwerk zu bezahlen habe.

**DER MANN MIT DEM CREUTZ-SCHLITZ**

Text × **Peter Ufer**

# DER MANN MIT DEM CREUTZ-SCHLITZ

Für Matthias Creutziger gehört das Fotografieren, die Kunst und der Jazz zum Leben. Fast hätte er es wegen Corona verloren.

Von den Regalen seines Arbeitszimmers sehen afrikanische Skulpturen in den Raum. Die Talismane und rituellen Objekte aus Holz warten da oben auf irgendetwas. Matthias Creutziger hat sich mit der fremden Legion selbst umstellt, denn sie hat für den Sammler einen speziellen Reiz. Es sind seine liebsten Reizfiguren.

Mag sein, dass der Fotograf sich mit ihnen schützen oder einfach seine Sehnsucht stillen will. Mag sein. Der 69-Jährige sagt: »Vor allem müssen meine Fotos die Kraft dieser Figuren aushalten. Oft stelle ich eine davon neben eines meiner Motive. Hält das der Kunst des anderen nicht stand, dann ist es zu schwach, dann ist es unbrauchbar.« Die Stärke der afrikanischen Skulpturen überschätzt er nicht. Aber es sei ihm gestattet, daran zu glauben, dass sie eine gewisse Magie besitzen.

Ab Anfang April diesen Jahres lag Matthias Creutziger fünf Wochen im künstlichen Koma und insgesamt neun Wochen im Krankenhaus, angeschlossen an einem Beatmungsgerät. »Das Corona-Virus hatte mich schwer erwischt, drei Mal war ich dem Tod entronnen, Lunge, Nieren und Herz versagten, aber ich überlebte«, erzählt Creutziger. Er litt im Krankenbett unter seinen Schmerzen und Halluzinationen, sah Maskenmenschen die Decke hochlaufen. »Das Schlimmste aber war, dass ich mich völlig ausgeliefert fühlte. Ich war angeschnallt und verkabelt, und hatte das schon widerwillig als ein neues Leben angenommen«, sagt der Fotograf.

Am 30. August ging er erstmals wieder los, um zu fotografieren. Das war der Moment, wo er sich wieder lebendig fühlte. Fotografieren gehört zu seinem Leben, genau wie die afrikanischen Skulpturen auf den Regalen in seinem Arbeitszimmer. »Sie besitzen eine unbeschreibliche Kraft«, sagt Creutziger und hält ein neues Foto neben eine der Figuren. Beide müssen das aushalten. Die Radikalität gegenüber seinem Werk treibt ihn an. Er muss Bilder abliefern, die aus sich heraus wirken. Der Mensch vor dem Objektiv, unverstellt, unmittelbar, im Augenblick der Selbstvergessenheit, das ist sein Thema. Matthias Creutziger stürzt nicht los aus dem Journalistenstartblock der täglichen Aktualität, nein, er wartet. Seine Geduld zeichnet ihn aus, denn er weiß: Irgendwann kommt sein Augenblick.

Vorhergehende Seite: Vor dem Gemeinschaftswerk von Jürgen Haufe, Claus Weidensdorfer und Matthias Creutziger.

Von 2003 bis 2015 war er der Hausfotograf der Semperoper. Trotz Rente arbeitet er heute immer noch. Er braucht die Nähe der Menschen. Die Bühnenarbeiter bauten ihm vor Jahren nach seinen Vorgaben ein kleines Fenster in die Konzertzimmerrückwand. Wenn die Musiker der Staatskapelle spielen, kann Creutziger still und leise mitten im ersten oder zweiten Satz einer Sinfonie sein Fenster öffnen und aus dieser Position, ungesehen von Publikum und Orchester, arbeiten.

Chefdirigent Christian Thielemann weiß von dem Fotoloch in der Kulisse und er stimmte zu, dass der Fotograf ihn beobachten darf. Der Taktstockmeister kümmert sich aber während eines Konzerts nicht um den Fotografen, sondern nur um die Aufführung. Das ist Creutzigers Chance. So bekommt er Thielemann in Posen, wie kein anderer. Es entstehen Nahaufnahmen eines scheinbar Unnahbaren. Immer muss er die Fotos für Veröffentlichungen vom Chefdirigenten freigeben lassen. »Er hat bisher alle meine Bilder akzeptiert und offenbar großes Vertrauen in meine Arbeit«, sagt der Fotograf. Er weiß, dass Thielemann genau darauf achtet, wie er nach außen wirkt. Creutziger würde nie ein Motiv konstruieren, er lichtet ab, was er sieht. Der frühere Intendant der Semperoper, Gerd Uecker, sagte einmal vieldeutig zu dieser Fotografie: »Es ist immer darüber.«

Creutzigers Kunst besteht darin, sich die Menschen genau anzusehen. Er greift aus dem Schatten zu. Wenn Künstlerinnen und Künstler sich in einer Art Schwebezustand befinden, wenn sie sich mitten im kreativen Prozess befinden, echt und unverstellt, genau dann löst er aus. Der Fotograf besitzt deshalb nicht nur das Kulissenfenster, sondern auch im Vorhang der Seitengasse der Oper ein weiteres Guckloch. Die Bühnenarbeiter nennen die Öffnung Creutz-Schlitz. Creutziger versteht das als Kompliment, denn das heißt für ihn, die Handwerker erkennen sein Handwerk an. Dabei hat er nie Fototografie studiert. Er ist ein Autodidakt.

1951 in Härtensdorf bei Zwickau geboren, wuchs der Sachse in Reinsdorf auf und absolvierte nach der Schule zunächst eine Maurerlehre. Gern hätte er das Abitur abgelegt. »Das wurde mir verwehrt. Meine Familie passte nicht so recht ins Bild des Sozialismus«, sagt er. Also begann er als Lehrling, absolvierte parallel dazu in der Abendschule das Abitur, studierte später an der Hochschule in Cottbus Hochbau. Nebenbei spielte er Schlagzeug, trommelte in verschiedenen Bands und entdeckte den Blues und Jazz für sich.

Er reiste zur Jazzwerkstatt nach Peitz, wo in der Lausitz Peter Jimi Metag und Ulli Blobel von 1973 bis zum Verbot 1982 legendäre Konzerte organisierten. Ein Wallfahrtsort für Enthusiasten, die sich dem Free Jazz und der Improvisation hingaben, eine Grauzonen-Nische für all jene, die sich den alltagsgetreuen Kollektiven und Hausgemeinschaften entziehen wollten. Für Creutziger nicht nur eine musikalische Offenbarung, sondern ein Feld voller Motive und Begegnungen. Hier bildete sich seine Ästhetik, sein Blick für den Jazz, dessen improvisatorischen Gestus und präzisen Geist er zu erfassen suchte. Hier entwickelte er instinktiv seinen Respekt gegenüber der Kunst und der Freiheit der anderen.

Schon als Kind fotografierte er, hatte die Kamera immer dabei. Die erste, die er besaß hieß »Certo« samt Sechs-mal-sechs-Film, später waren es »Leica« und »Nikon«. Musik und Fotografie pflegte er als Hobby, doch sein Geld verdiente er nach dem Studium als Bauingenieur im Kraftwerksanlagenbau. 1972 wechselte er, noch während des Studiums, nach Dresden. »Das war die einzige Stadt in der DDR, in

Mit Jürgen Haufe. Foto: Fabian    Mit Ernst Jandl. Foto: Rinderspacher    Mit Pierre Favre. Foto: Rinderspacher

der ich wirklich leben wollte. Berlin hätte ich schon wegen der Mauernähe nicht ausgehalten«, sagt Creutziger. An der Elbe fand er Kunst, die Alten und die Neuen Meister und später »Die Tonne«.

Der Jazz-Club war in den 1970er- und 80er-Jahren eine Art Jazz-Werkstatt im sächsischen Kellergewölbe. Der Autor Bernhard Theilmann schrieb einmal darüber: »Wer immer zum Jazz kam, der lernte die, die auch immer kamen, kennen. Zuerst von Gesicht zu Gesicht, dann mit Namen, später in Gesprächen und zuletzt wieder am Gesicht. Wegen der Mundwinkel und Augen, die sagen ihre Meinung zu Solo und Chorus, dass sich die meisten Worte erübrigen. (...) Matthias Creutziger hatte ein Gesicht, das sich einprägte, ein Jazzgesicht eben.« In der Dresdner Tonne versammelten sich diese unberechenbaren Individualisten einer Musikszene, die in der DDR widersprüchlich existierte, von Verfolgung und Verbot über Ignoranz und Duldung bis hin zu Förderung und staatlicher Integration.

All das erlebte Creutziger, fotografierte, schrieb Rezensionen über Konzerte für die Dresdner Tageszeitung »Die Union« und spürte zunehmend, wie die Leidenschaft über seine Täglich-Brot-Arbeit siegte. Er kündigte seinen Job als Bauingenieur, um künftig als freier Fotograf und Journalist zu arbeiten. Neben Jazz fotografierte er auch klassische Konzerte, war bei vielen Plattenaufnahmen in der Lukaskirche dabei, lernte Musikerinnen und Musiker der Staatskapelle und der Dresdner Philharmonie, Solisten wie Peter Schreier, Ludwig Güttler oder die Dirigenten Sir Colin Davis, Neville Marriner und Herbert Blomstedt kennen.

Von 1980 bis 1983 gab Creutziger den ersten DDR-Jazz-Kalender heraus. 30 000 Stück Auflage pro Jahr, wobei die meisten einen kauften, um ihn zu verschenken und noch einen, um ihn zu sammeln. Damals lernte der Fotograf auch den Dresdner Ausnahmekünstler, den Maler und Grafiker Jürgen Haufe kennen. »Manchmal gibt es glückliche Fügungen einer produktiven Freundschaft, die unbewusst einer Wahlverwandtschaft gleicht«, sagt Creutziger. Beide ergänzten sich, Fotos wurden zu Grundlagen für Malerei, Malerei zur Grundlage für Fotografie, gemeinsame Bücher, Ausstellungen und Plattencover entstanden. Die intensive Freundschaft hielt, bis Jürgen Haufe, der 1996 Professor an der Dresdner Kunsthochschule wurde, 1999 viel zu früh starb.

Creutziger geriet in den 1980er-Jahren immer wieder an Grenzen, spürte die Enge des Landes – ambivalent sein Gefühl, seine Ideen umzusetzen, bei gleichzeitiger Kontrolle durch das System. 1988 verließ er mit seiner Frau und seinen beiden Kindern die DDR, kam ins Aufnahmelager nach Gießen. Seine Frau fand als promovierte Biologin in Hannover eine Arbeit, dort lebte die Familie zwei Jahre.

Matthias Creutziger wurde Referent für Jazz beim Land Niedersachsen, später ging die Familie in die Nähe von Ludwigshafen am Rhein. Dort arbeitete Creutziger am Theater im Pfalzbau als Hausfotograf, begegnete Sir Colin Davis in Frankfurt am Main wieder, realisierte verschiedenste Projekte und reiste um die Welt. Er engagierte sich zugleich immer in seiner Heimat für die Musik. Als künstlerischer Leiter von »Jazz in der Philharmonie« in Ludwigshafen und »Jazz in der Semperoper« in Dresden holte er Oscar Peterson, Herbie Hancock, Charles Lloyd und Betty Carter, aber auch Ernst Jandl und Peter Rühmkorf auf die Bühnen.

Zu seinen großen Begegnungen gehört die mit dem Dichter Ernst Jandl. Der formte Buchstaben zu Lauten, setzte Lyrik in rhythmisch-sprachliche Ausdrücke, die er ausstieß wie eine Trompete Atemtöne. Da verschwammen der Jazz und die Literatur wie Wasserfarben auf einem Aquarell mitten im Regen. Creutziger ist ein Kunstbesessener, er fügt zusammen, was vordergründig nicht zusammen gehört, mischt Musik, Malerei und Fotografie ohne die Ergebnisse zu kennen. Er definiert nicht, sondern er überlässt das Resultat kalkuliert dem Zufall. Kunst ist nicht berechenbar. Er mag diese Unschärfe, diesen schwebenden Augenblick.

2003 kehrte er nach Dresden zurück, bekam eine Festanstellung an der Semperoper. Dresden hatte ihn wieder und er Dresden. Von hier aus fuhr er mit der Staatskapelle zu Tourneen auf alle Kontinente. Immer dabei die Kamera, sein Instrument. Er gestaltete über 60 Personalausstellungen. Seine Fotografien befinden sich unter anderem in den Sammlungen der Kupferstichkabinette Dresden, Leipzig und Berlin, den Staatlichen Museen Berlin und Chemnitz, der Deutschen Fotothek Dresden, der Kestnergesellschaft Hannover, des Jazzinstituts Darmstadt, des Blues- und Jazzarchives Eisenach und sein Buch »Jazzphotographie« liegt in der Library of Congress, Washington.

Matthias Creutziger erzählt, wie verblüffend es ist, wenn er in New York, Moskau, Seoul oder Tokio plötzlich riesenhaft an einer Fassade eines seiner Fotos sieht, weil ein Veranstalter für ein Konzert der Staatskapelle wirbt. Und dann sagt er noch: »Ich suche mir meinen Standort selbst aus.« Das klingt genau so, wie er es sagt. Er lässt sich seinen Standort nicht zuweisen!

Als er als Überlebender aus dem Krankenhaus kam, da setzte er sich mit seiner Frau auf dem Balkon seiner Wohnung in Dresden-Tolkewitz, öffnete eine gute Flasche Rotwein. Sie stießen auf das Leben und die Musik an. Die afrikanischen Figuren in seinem Arbeitszimmer schauten zu. Da ist er wieder, der Fotograf. Sie werden es aushalten müssen.

---

## PETER UFER

Er ist Dresdner, aber das ist kein Verdienst. Er kam 1964 eben hier zur Welt, empfand die Stadt immer als Anspruch. Der Junge wuchs zwischen Zwinger, Sprunghalle und Heiligem Born auf, studierte später in Leipzig Journalistik und Geschichte, gründete mit Freunden 1989 eine Zeitung, promovierte 1995, arbeitete von 1993 bis 2010 als leitender Redakteur bei der »Sächsischen Zeitung«, gründete 2010 mit dem Schauspieler Tom Pauls in Pirna das Tom Pauls Theater und arbeitet seitdem als Dramaturg und freier Autor. 2004 schrieb Ufer das Buch »Die Rückkehr des Dresdner Schlosses«, es folgten »Dresden für Liebhaber« und »Die feine sächsische Art«. Gemeinsam mit Tom Pauls schrieb er mehrere Bücher im Aufbau Verlag. Einmal im Jahr vergibt Ufer seit 2008 mit der Ilse-Bähnert-Stiftung »Das sächsische Wort des Jahres«, daraus entstand die Wortsammlung »Der Gogelmosch – das Wörterbuch der Sachsen«. 2015 erschienen »Die besten Witze der Sachsen« und »Deutschland, einig Lachland«. Mit Ernst Hirsch veröffentlichte er 2015 und 2016 fünf Teile der Filmreihe »Dresdner Filmschätze«. Ufer ist Mitbegründer des »Deutschen Karikaturenpreises« und der »Galerie Komische Meister Dresden«. 2020 erschien sein Buch »Dresden – Vier Zeiten, vier Ansichten«.

DRESDEN STATE OF MIND

Text × **Cornelius Pollmer**

# DRESDEN STATE OF MIND

Sehr kurz vor dem großen Zapfenstreich verschwendet unser Autor eine wundervolle Nacht im Blue Note. Eine Rekonstruktion in Sehnsucht.

Ich bemühe mich, ein Tagebuch zu führen, aber manchmal reicht es nur für kryptische Kurzprosa. Als Beweisstück A wird hiermit der Eintrag vom 12. März 2015 in den Zeugenstand geladen. Unter diesem Datum nämlich heißt es: »Christin, Blue Note, 4 Uhr. Kacke.«

Wobei, so kacke war das gar nicht. Ich weiß zwar überhaupt nicht mehr, worüber Christin und ich damals gesprochen haben, ja nicht einmal, weshalb wir überhaupt ins Blue Note gegangen waren. Aber ich weiß, dass ich dort noch nie eine schlechte Nacht hatte. Und ich weiß auch, dass Nächte ohnehin nicht dafür gemacht sind, sich akribisch an jede einzelne von ihnen zu erinnern. Deswegen heißt es Tagebuch, nicht Nächtebuch.

Das Blue Note ist mein Laden für die wichtigen Nächte, der Ort, an den ich gehe, wenn ich das Leben feiern möchte oder den Schmerz. Ich habe im Blue Note auf mein Diplom angestoßen und auf meine erste Meldeadresse in der Dresdner Neustadt. Ich habe Freunde dorthin gelotst, deren Stimmen schon am Telefon so brüchig klangen, dass ich ahnen musste: wird länger heute. Ich habe im Blue Note Abstiege von Dynamo verdrängt und erschrocken den Bruch mit einem Lieblingsmenschen bestaunt; an einem 8. Mai war das, eine Nacht der Befreiung wurde es nicht.

Das bislang letzte Mal stehe ich in der Tür am 8. März zu einem – wie nennt man das – Arbeitsbesuch? Die Vokabel Corona verbreitet sich gerade schneller als das Virus selbst, noch klingt sie so neu wie der Name einer aufstrebenden Band, den man sich besser merken sollte.

Corona heißen die, kennste?

Vom allgemeinen Zapfenstreich nur eine Woche später, von der Tatsache, dass diese Nacht auf lange Zeit meine letzte in einer Bar sein wird, kann ich noch nichts wissen, einerseits.

Andererseits reist die Seele dem Verstand voraus, meistens ahnt sie etwas. Und was macht man, wenn einem bald das Sperrstündlein schlägt? Man macht, bitte, lieber Mirko, die Gläser noch einmal randvoll.

Mirko Glaser hätte mit dem Nachnamen natürlich auch gut Augenoptiker werden können. Er ist aber Chef vom Blue Note geworden und er ist heute zudem – nomen est abdomen – diensthabender Barkeeper und DJ. Vor allem passt Mirko ganz wunderbar zu seinem Laden.

Schon als das Blue Note 1997 aufmachte, sagt Mirko, »dachten die Leute sofort, dass es uns schon ewig gibt«. Das Blue Note ist seit Tag eins eine Institution, ein verlässlich geöffneter und gütiger Hort für alle, die nicht wissen wohin mit sich und der Nacht. Gleichzeitig ist es ein Ort, der für Distiguiertheit steht und für einen gewissen Stolz.

In der Bar kann man diesen Stolz sogar sehen. »No music requests« steht auf einem Schild. Keine weiteren Fragen. Und wenn einer mal erst bestellt und dann gesteht, dass er zu wenig Geld dabei hat, dann wechselt Mirko selbst während einer Jazzballade die Körpersprache. Er kann dann so präsent sein wie ein Top-Schiedsrichter im Revierderby, nah am mittellosen Mann und mit einem Blick, den unmissverständlich zu nennen ein absolutes Höchstmaß an Höflichkeit erfordert.

Als das passiert, irgendwann nach 2 Uhr, bin ich mal wieder erstaunt darüber, wie viele verschiedene Abende man in einer Nacht an einem Tresen erleben kann.

Der Abend hatte ja ganz anders begonnen, mit einer kleinen Entzauberung. Schon bei der Anreise mache ich den ersten Fehler und so ist das ja immer im Leben, wenn man beginnt, etwas nicht mehr aus reiner Freude zu tun, sondern es unbedingt richtig machen zu wollen.

Wann ist eine gute Zeit, ins Blue Note zu gehen? Faustregel: Immer viel später als man es zunächst geplant hatte. Eine gute Zeit ist, wenn drinnen der Rauch schon in Lichtkegeln steht und wenn er, besonders schön, als planetarischer die Diskokugel umschleicht. Eine gute Zeit ist, wenn die letzten Vernünftigen nach Hause gehen – und wenn bei den ersten derer, die bleiben, das Geld knapp wird.

Vor ein paar Jahren stapelte der Künstler Max Rademann im Blue Note letzte Münzen für einen nicht sehr günstigen Whiskey. Der Autor Michael Bittner sagte darauf, »so so, der feine Herr könne es sich wohl leisten«. Rademann erwiderte, »eben nicht, Micha, das ist ja gerade der Punkt«. Manchmal ist Genuss keine Frage des Es-sich-leisten-Könnens. Manchmal ist er eine Frage des Es-sich-gerade-so-noch-leisten-Könnens.

Das also sind die guten Zeiten. Als ich in der Tür stehe, fällt kaltes Abendlicht in den Raum. Es fühlt sich an, als wäre man schon vor dem ersten Drink ein wenig verkatert. Es fühlt sich an, als habe man eine hornalte Showdiva zufällig in ihrer Umkleide erwischt, noch bevor Maske und Perrücke sie mit Mühe und Not zu der machen konnten, als die sie bis zum Schluss wahrgenommen werden möchte.

Doch der Abend lädt sich bald auf, mit Gästen, mit Musik, mit diesen alchemistischen Zaubergeräuschen hinter der Bar, ohne die kein sauber konzipierter Rausch zu haben ist. Das ist dieses Schäufelchen, das wie ein Brecher durch crushed ice schneidet. Da ist das Klackern der Shaker, das mich immer an ein Eiswürfelspiel denken lässt, bei dem ausnahmsweise alle gewinnen. Für mich klingt so das Glück der Nacht.

Diese Nacht leuchtet bald in den satten Farben eines Sours auf Basis eines Roggenwhiskeys. Und sobald man bei den Longdrinks angekommen ist, werden die Stunden kürzer. Es weiten sich die Gefäße, aber es weiten sich auch die Welt, die Wörter, der Wahn.

Zur Welt. »Manchmal sind wir ein bisschen zu müde, unser Leben selbst zu fahren«, beginnt die Band eine Ansage. Später spielt sie den Song »Slow down«, einen Aufruf zur Abkehr von immer lauter breakenden news – und eine Vorwegnahme des großen Rückzugs nach Hause, in die Hotspots der Heimeligkeit.

Zu den Wörtern. Weil viele andere inzwischen weg sind, weil ich aber noch da bin, stelle ich Mirko Fragen, die schlecht altern und etwas dümmer klingen, wenn die Sonne am nächsten Tag nicht mehr aus dem Glas scheint.

Warum werden in guten Bars die Aschenbecher so oft gewechselt? »Weil's eklig aussieht«, sagt Mirko. Warum gehst du manchmal dazwischen, wenn zwei zu heftig busseln?

»An einer Bar sitzt man und trinkt man«, sagt Mirko. Und 2:37 Uhr: Woher, bitte, kommt diese Energie des Einfach-nicht-nach-Hause-Gehens? Viele seiner Gäste, sagt Mirko, arbeiteten selbst in der Gastronomie, die könnten schlicht nicht früher anfangen auszugehen.

Zum Wahn. Gegen halb vier fühlt sich der frühe Abend an wie eine ferne Erinnerung. Neben mir befummelt eine Fastglatze mit Goldkette eine Zutätowierte. Beim anderen neben mir führen zwei Ernstschauende noch immer Gespräche, sie hören sich jetzt noch tiefer an. Ob sie das wirklich sind, ist unerheblich. Ganz weit neben mir, im Sinne von draußen? Keine Ahnung, was da los ist. Vielleicht patrouilliert das Virus schon in Uniform durch die Straßen und erschrickt das Randomrudel am Asieck mal etwas kräftiger als sonst die Niederflurwagen der Linie 13. Vielleicht ist aber einfach auch nur stille Nacht?

Wer kann das schon wissen, ich jedenfalls nicht. Das Blue Note ist, einmal mehr, meine Welt geworden, eine reich bestückte, reich geschmückte Kiste, ein unglaublich gemütlicher Sarkophag. In dieser Kiste bin ich mein eigener Kater und nachts sind auch alle Katzen von Schrödinger blau. Zeit und Zeitläufte draußen sind bestimmt nicht langsamer oder schneller geworden, aber sie sind jetzt egaler – und mehr kann eine Bar nun wirklich nicht leisten.

Dass ich diese Bar trotzdem verlassen sollte, erfahre ich um 3:11 Uhr von einem mir entfernt bekannt vorkommenden Mann. Er weicht meinem Blick nicht aus, und weil sein Mund schon von außen schmallippig aussieht, frage ich ihn lieber gar nicht erst, wie er eigentlich in den Spiegel auf dem Männerklo geraten ist. Im Hauptraum der Bar tönt »True Colors«, aber ich sehe nur fahle Gesichtsasche. State of Mind: Raus hier, heimfahren.

State of mind aber eben auch New York, denn ein wunderbares Cover von Joanna Wang dieses Ja-eh-Klassikers hatte Mirko ins letzte Drittel der Barnacht gepackt, ein Runterkommer, der mich nun in den Schlaf swingt. Die Frage, wo ich schlafe, ist schwer genau zu beantworten. Abfahrt des RE50 ist um 4:25 Uhr am Bahnhof Neustadt, Ankunft um 5:50 Uhr am Hauptbahnhof Leipzig, da muss ich am nächsten Tag, also irgendwie »gleich« arbeiten.

Ich erwache bei der Einfahrt in den Bahnhof. Die vergitterten Oberleuchten im RE sind noch schonungsloser als das Putzlicht im Blue Note. Mit krummem Rücken liege ich als Leiche zwischen Frühstehaufmännchen. Die neue Arbeitswoche beginnt und härter als zwischen Sonn- und Montag kann man Nacht und Tag kaum brechen.

Die Männchen eilen in ihre Bahnen, Joanna Wang und ich nehmen ein Leihfahrrad. Es ist noch dunkel, es nieselt. Ich fahre durch Leipzig, höre ein Lied über New York und denke, in leichter Sehnsucht, an Dresden. Sehnsucht ist für mich das ultimative Dresden-Gefühl, der ultimative State of Mind dieser Stadt.

Aus dieser Sehnsucht heraus notiere ich in meinem Handy ein einziges Wort, dann werden mir die T9-torpedierenden Tropfen auf dem Touchscreen zu lästig. Mit dem Wort weiß ich schon zwei Tage später natürlich überhaupt nichts mehr anzufangen. Falls jemand helfen kann: Gestaltsänderungsenergiehypothese.

Tagebucheintrag für Sonntag, 8. März 2020:
»Allein ins Blue Note, 6:20 Uhr daheim. So kacke war das gar nicht :)«

## CORNELIUS POLLMER

Cornelius Pollmer, geboren 1984 in Dresden, ist Journalist, Autor und Moderator. Er studierte Volkswirtschaft und arbeitete für die Jugendzeitschrift »Spiesser« sowie die »Sächsische Zeitung«. Nach der Ausbildung an der Deutschen Journalistenschule ging er zur »Süddeutschen Zeitung«, für die schreibt er heute vor allem über den Osten Deutschlands und über Medien.

2018 erschien der Band »Randland« mit vielen Texten aus den neuen Bundesländern. 2019 folgte das Buch »Heut ist irgendwie ein komischer Tag«, eine Reportage über einen Sommer in Brandenburg.

(Das Sächsische unterliegt keiner Regel. Der Autor schreibt die Dialoge in seinem Dresdner Sächsisch.)

## Impressum

Herausgeber:
Stadtluft Dresden GbR
Dr. Peter Ufer, Thomas Walther, Amac Garbe,
c/o Ö GRAFIK agentur für marketing und design
Wittenberger Straße 114 A | D-01277 Dresden
www.stadtluft-dresden.de
Dresden, 2020

Lektorat:
Dr. Peter Ufer,
www.peterufer.de

Redaktion:
Dr. Peter Ufer, Thomas Walther, Amac Garbe,
Ö GRAFIK,
agentur für marketing und design
Hinweis: Einige Autoren haben ihre Texte
in der alten Rechtschreibung verfasst.

Fotografie, Fotoredaktion:
Amac Garbe,
www.amacgarbe.de

Grafische Gestaltung:
Thomas Walther, BBK

Satz, Bildbearbeitung:
Ö GRAFIK agentur für marketing und design,
www.oe-grafik.de

Druck und Verarbeitung:
Husum Druck- und Verlagsgesellschaft

Verlag der Kunst Dresden
Postfach 1480 | D-25804 Husum
www.verlagsgruppe.de
www.verlag-der-kunst.de

© Stadtluft Dresden GbR, 2020
© Verlag der Kunst Dresden

Bibliografische Information der
Deutschen Bibliothek:
Die Deutsche Bibliothek verzeichnet
diese Publikation in der Deutschen
Nationalbibliografie.
Detaillierte bibliografische Daten
sind im Internet über
http://dnb.dnb.de abrufbar.

ISBN 978-3-86530-264-9

### Danke für die Hilfe.

Ein herzlicher Dank geht an Volker Sielaff und Michael Wüstefeld, die uns Ihre wunderbaren Gedichte kostenfrei zur Verfügung gestellt haben. Vielen Dank an Michael Schmidt von Red Tower Films aus Chemnitz für die Lutherplatz-Luftbildunterstützung.